NICOLE JUST | FOTOS: RENÉ RIIS

LA VEGANISTA

LUST AUF VEGANE KÜCHE

100 LECKERE REZEPTE VON FRÜHSTÜCK BIS ABENDESSEN

REZEPTE: NICOLE JUST
FOTOS: RENÉ RIIS

LA VEGANISTA

LUST AUF VEGANE KÜCHE

LIEBE LESERINNEN, LIEBE LESER,

die vegane, also rein pflanzliche Ernährung hat ihr muffiges »Körnerküchen«-Image längst abgelegt. Was noch vor wenigen Jahren allenfalls Insider interessierte, ist heute nicht nur in den Städten Trend. Wer aufmerksam hinschaut, entdeckt um sich herum schon einige Veganistas: offene, moderne und tolerante Menschen mit einer Vorliebe für pflanzliche Ernährung und bewussten Lifestyle ohne Verzicht.

Aber wie funktioniert das Leben ohne Fleisch, Eier und Milchprodukte? Diese Frage habe ich mir vor einigen Jahren auch noch gestellt. Als Enkelin eines Metzgers gehörte Fleisch für mich einfach dazu: täglich, in großen Mengen und am liebsten »medium rare«. Mit Mitte zwanzig stieß ich zufällig auf ein Buch über Veganismus – und las es in einem Zug durch. Die Lektüre bewegte etwas in mir, und ich entschied mich spontan für ein veganes Experiment. »Zwei Wochen sollten wohl zu schaffen sein!«, überlegte das Metzgerskind in mir. Schon nach wenigen Tagen war völlig klar: Das ist mein neuer Lebensstil!

Die eingangs erwähnte Frage nach dem »Wie« stellt sich seither nicht mehr: Vegan essen funktioniert einfach! Ich habe mich nie besser, wacher, energiegeladener und zufriedener gefühlt. In den ersten Monaten meines Vegan-Seins entdeckte ich die kulinarische Welt für mich noch einmal neu: so viele neue Lebensmittel, Geschmacksrichtungen und Zubereitungsmethoden – und ich saugte jede Information auf.

Am meisten fasziniert mich bis heute die Tatsache, dass ich nahezu alle Klassiker der Hausmannskost auch vegan genießen kann. Das war mir wichtig, denn ich wurde zum Fleischessen erzogen. Sowohl Geschmack als auch Konsistenz von Fleisch haben meine Vorlieben beim Essen geprägt, und ich weiß, dass ich damit nicht allein bin. So begann ich als Neu-Veganista nach Alternativen zu suchen.

Meine Lieblingsrezepte aus den vergangenen Entdeckerjahren habe ich für Sie in diesem Buch zusammengetragen. Neben Klassikern der Fleischküche, die ich in Anlehnung an die traditionellen Rezepte meiner Familie vegan interpretiert habe, finden Sie Ideen für besondere Anlässe, aber auch vegane Alltagsgerichte, die selbst nach einem stressigen Tag noch leicht von der Hand gehen. Und selbstverständlich gibt es bei La Veganista auch Desserts, Kuchen und Torten! Im Serviceteil des Buches verrate ich Ihnen außerdem einfache Tauschtricks für das Backen und Kochen mit pflanzlichen Produkten.

Ich wünsche Ihnen viel Spaß auf Ihrer ganz persönlichen Entdeckungsreise, viele Inspirationen und am Ende vielleicht eine ganz neue Sichtweise auf einige scheinbar fest verankerte Ernährungsgewohnheiten.

Ihre Nicole Just

SERVICE

GUTEN MORGEN!

VEGAN FRÜHSTÜCKEN

Vom Morgenmuffel zum Gernaufsteher: Mit meinen Frühstücksideen locke ich alle aus den Federn. Denn ob Green-Power-Smoothie, Rührtofu oder Vanilla Pancakes – der Tag fängt in jedem Fall gut an!

FÜR VORNEWEG,

ZWISCHENDURCH & UNTERWEGS

Backkartoffelsalat, »Gyros«-Wraps oder Sandwich »Hawaii« – die machen mich satt und glücklich, wenn ich hungrig unterwegs bin und meine eigene Küche gerade nicht in Reichweite ist.

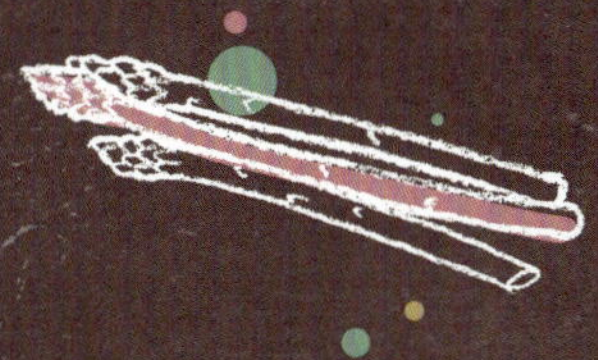

AUFGEKOCHT!

VEGAN SCHLEMMEN

Kommen Sie mit auf eine Reise in die »Haute cuisine végétalienne«. Die Stationen: glasierter Tempeh, getrüffelte Ravioli und Schwarzwurzelragout – ein Ausflug mit Genussgarantie!

SEITE 127

SATT UND ZUFRIEDEN:

HAUPTGERICHTE FÜR JEDEN TAG

Meine Spezialität: Rouladen und Königsberger Klopse – auf die vegane Art, versteht sich. Mein deftiges, sämiges »Gulasch« hat sogar meinen Opa, den Metzger, überzeugt!

SEITE 73

HMM, SÜSS!

DESSERTS UND GEBÄCK

Auf meinem Kuchenbüfett fehlt es an nichts: Mit den richtigen Zutaten gelingen (und schmecken!) Käsekuchen, Zwetschgenkuchen und die große Torte nämlich auch ohne Eier, Milch & Co.

SEITE 151

SERVICE

SO GEHT VEGAN

KNOW-HOW FÜR DIE VEGANE KÜCHE

MAN KANN NATÜRLICH AUCH IN DIE KÜCHE GEHEN UND GLEICH LOSKOCHEN. DAS IST BEI VEGANISTAS NICHT ANDERS ALS BEI ALLEN ANDEREN KOCH- UND ESSBEGEISTERTEN. WER ABER WISSEN WILL, WIE SICH EIER ERSETZEN LASSEN UND WAS STATT FLEISCH INS GESCHNETZELTE SOLL, LIEST HIER WEITER.

WILLKOMMEN

IN DER WELT DER VEGANISTAS

DAS EINMALEINS DER VEGANEN KÜCHE

Warum auch immer Sie vegan kochen möchten, Sie werden ganz schnell merken: Sie müssen dazu kein Kochprofi sein und auch kein Ernährungsexperte. Die einzigen beiden Voraussetzungen, die Sie mitbringen sollten: Lust auf Neues und Spaß am Experimentieren. Zum Beispiel wenn Sie auf dem Wochenmarkt Gemüsesorten ganz neu oder wiederentdecken. Oder wenn Sie im Bioladen erstaunt feststellen, dass es im Kühlregal eine breite Palette spannender pflanzlicher Produkte gibt, die ganz neue Geschmackswelten eröffnen – und zwar jenseits von »schmeckt wie Fleisch«.

Darum lautet das Einmaleins der veganen Küche: Augen auf und ran an den Topf – es gibt viel zu entdecken! Hätten Sie zum Beispiel gedacht, dass man ganz ohne Eier fluffigen Kuchen backen kann? Und dass man aus Cashewkernen und Mandeln eine Creme zaubern kann, die sich verwenden lässt wie Ricotta? Im Folgenden bekommen Sie nicht nur die entscheidende Portion Know-how für perfektes Gelingen, sondern auch viele Anregungen für kreatives Kochen. Lesen Sie los!

Es gibt jede Menge Tofusorten – geradezu perfekt fürs vegane Ausprobieren.

Nur eins noch: Wundern Sie sich nicht, wenn Sie anderen Leuten begeistert von Ihren veganen Kochexperimenten erzählen und als Antwort nur ein fassungsloses »Aber wo kriegst du denn dann genügend Proteine (oder: Eisen) her?« zu hören bekommen. Das Vorurteil, dass Veganer mangelernährte, hohläugige Wesen sind, ist offenbar nicht totzukriegen. Antworten Sie einfach gelassen: »Na, aus pflanzlichen Quellen natürlich!« Klar ist allerdings, dass Sie diese Quellen nicht anzapfen, wenn Ihre vegane Ernährung nur aus Pommes mit Ketchup besteht. Aber wer gemüsereich und mit einer gesunden Neugier auf die Vielfalt veganer Lebensmittel kocht, wird sich mit Sicherheit vitaler und gesünder fühlen (und es auch sein) als so mancher Nichtveganer.

DAS EI DER VEGANISTA

Ob beim Kochen oder Backen: Eier erscheinen auf den ersten Blick völlig unverzichtbar. Die gute Nachricht: Sie sind es doch! Zum Panieren tauschen Sie das Ei einfach gegen 1 TL Mehl oder Stärke, verquirlt mit 2–3 EL Sojamilch oder Wasser, aus. Wenden Sie Sojaschnitzel oder Gemüsescheiben zunächst in Mehl, dann in der aufgelösten Stärke und zum Schluss in Paniermehl. Oder steht Ihnen der Sinn nach Spätzle? Die gelingen hervorragend mit 1 gehäuften TL Sojamehl pro verwendetem Ei.

Auch auf Quiches müssen Veganistas nicht verzichten. Ersetzen Sie das Ei im Teigboden einfach durch 1 zusätzlichen TL Backpulver und die Eier in der Füllung durch pürierten Seidentofu. Übrigens: Wegen seiner puddingartigen Konsistenz eignet der sich (evtl. gemischt

AVOCADO MIT KALA NAMAK – VOILÀ, SCHMECKT WIE EI!

mit festem Tofu) perfekt, wenn es darum geht, eine Ei-ähnliche Konsistenz zu erreichen. Also ist auch das Sonntagsfrühstück mit Rührei (s. Rezept S. 34) gerettet! Das übrigens auch noch nach Ei *schmeckt*, wenn Sie es mit etwas Kala Namak bestreuen. Diese indische Salzspezialität, auch Schwarzsalz genannt, »schwefelt« ein bisschen und verleiht Gerichten dadurch den typischen Ei-Geschmack. Auch Kichererbsen und Avocados leisten in der veganen Küche diesen Dienst. Probieren Sie selbst: Bestreichen Sie 1 Scheibe Brot mit 1/2 zerdrückten Avocado, bestreuen Sie das Ganze mit etwas Kala Namak – und Sie haben den besten Beweis, dass es kein Ei braucht, um nach Ei zu schmecken!

DIE SOJAMILCH MACHT'S!

Auch auf ihren Milchkaffee müssen Veganistas nicht verzichten: Hafer-, Dinkel- oder Sojamilch gibt's mittlerweile in fast jedem Supermarkt. Und nebenan im Bioladen finden sich zusätzlich milchfreie Sahne, veganer Frischkäse, Kokosmilch und Kokosmus. Sie alle machen Suppen und Saucen schön sämig. Ich persönlich finde Nussmus für diesen Zweck einfach genial! Die cremige Paste aus Haselnüssen, Erdnüssen, Mandeln, Cashews, Sesam oder Chufas eignet sich, mit Wasser glatt gerührt und nach Belieben gewürzt, ganz hervorragend als Sauce zu Gemüse, in Süßspeisen und als Dressing-Zutat. Pur schmeckt Nussmus auch super aufs Brot.

Sie sehen: Vegan sein ist gar nicht schwer. Und eröffnet außerdem die Möglichkeit, ganz neue und spannende Produkte kennenzulernen. Das hat Sie noch nicht ganz überzeugt? Noch mehr zum Thema Zutatentausch lesen Sie auf den nächsten Seiten. Und danach: Ab in die Küche!

VEGANE TAUSCHBÖRSE TEIL 1

VEGANE KÜCHE IST GLEICH NUR GEMÜSE? VON WEGEN!
NIEMAND, DER SICH REIN PFLANZLICH ERNÄHRT, MUSS HEUTE AUF DAS »MOUTHFEELING« VERZICHTEN, DAS DER BISS IN EINE KNACKIGE WURST VERSCHAFFT.
DANK SOJASCHNITZEL UND CO. WIRD DER EINSTIEG IN DIE VEGANE KÜCHE GANZ LEICHT, DENN: LIEBLINGSGERICHTE VON FRÜHER DÜRFEN ES EINFACH BLEIBEN!

DER KLASSIKER: TOFU

Seien wir ehrlich: Naturtofu schmeckt nach nichts – aber das ist seine größte Stärke! Denn er kann unglaublich vielfältig eingesetzt werden, ob in Desserts oder in herzhaften Gerichten. Wichtig für Letztere: Den Tofu gut anbraten und beherzt würzen. Oder gleich zu Räuchertofu greifen. Der schmeckt übrigens auch perfekt aufs Brot. Abwechslung auf den Teller (und in den Eintopf) bringen außerdem knackige Tofuwürstchen. Auch für Süßspeisen gibt es eine Tofu-Lösung: cremig-weicher Seidentofu. Püriert wird er zum veganen Quark.

WAS SOJA NOCH KANN

Texturiertes Sojaeiweiß – klingt komisch? Schmeckt aber super! Zum Beispiel in Form von Sojaschnetzeln, -würfeln oder -medaillons. Auch hier gilt: je mehr Würze, desto besser. Und im Handumdrehen gibt's Burger, Gulasch und Steak, allesamt vegan natürlich. Ob Tofu oder Sojaschnetzel: Achten Sie bei allen auf kontrolliert biologischen Anbau der verwendeten Sojabohnen.

SO SCHMECKT'S NACH MEER

Ob Partygamba oder Thunfisch aus der Dose – für Veganer gibt's inzwischen fast alles.

Allerdings: Diese Fertigprodukte aus Soja- oder Weizeneiweiß sind industriell hochverarbeitet und können Farbstoffe und Aromen enthalten. Natürlichen Meergeschmack dagegen bringen Algen – zum Beispiel Kombu, das geröstet Suppen und Eintöpfe aufpeppt, oder Nori, das sich eingeweicht fast überall mitkochen und -backen lässt. Außerdem gibt es im Bioladen allerlei mit Algen angereicherte Produkte, so auch Tofu.

SEITAN MACHT ALLE AN

Sieht aus wie Fleisch, schmeckt wie Fleisch: Seitan, angeblich von asiatischen Zen-Buddhisten entwickelt. Mit dieser veganen Wunderwaffe aus Weizeneiweiß (Gluten) können Sie fast jeden Klassiker der Fleischküche ohne Abstriche zubereiten – und das auch noch sehr kalorienarm. Sie bekommen Seitan fertig im Bioladen, können ihn aber auch ganz einfach selber machen. Wie's geht, steht auf Seite 16. PS: Wer Gluten nicht verträgt, verträgt leider auch Seitan nicht.

BRATWURST? BLUMENWURST!

Der Shootingstar in der veganen Küche ist die blau blühende Süßlupine. Ihre Samen sind ein ähnlich guter Eiweißlieferant wie die Sojabohne. Aber: Im Gegensatz zu dieser können Süßlupinen hierzulande angebaut werden, nämlich auf den kalkarmen Sandböden Nord- und Ostdeutschlands. In der Küche ist Lupine ebenso flexibel einsetzbar wie Soja. Sie bekommen sie beispielsweise in Form von Bratlingen, Würstchen und Geschnetzeltem im Bioladen.

TEMPEH SUPERSTAR

Tempeh, eines meiner absoluten Lieblingsprodukte, kommt ursprünglich aus Indonesien. So weit müssen Sie aber nicht reisen: Sie bekommen ihn in jedem Bio- oder Asienladen. Wie wird er gemacht? Klar, aus Sojabohnen. Eine Schimmelpilz-Impfung setzt den Fermentationsprozess in Gang, der die Bohnen sehr bekömmlich macht und für reichlich gut verwertbare Nährstoffe sorgt. In der Küche gilt: Tempeh immer gut anbraten oder frittieren und beherzt würzen. Womit, entscheiden Sie: Ähnlich wie Naturtofu schmeckt auch Tempeh ziemlich neutral und nimmt aufgrund seiner Konsistenz jedes Gewürz dankbar an.

VEGANE TAUSCHBÖRSE TEIL 2

VEGANISTAS SIND CLEVERE NASCHKATZEN: OB BEIM BACKEN ODER IN DER DESSERTKÜCHE, SIE TAUSCHEN EIER, MILCH UND GELATINE EINFACH AUS - UND KEINER MERKT'S. WENN ICH ZUM BEISPIEL MEINEN KÄSEKUCHEN AUF DEN KAFFEETISCH STELLE, GIBT'S IMMER DIE GLEICHEN ZWEI REAKTIONEN IN IMMER DER GLEICHEN REIHENFOLGE: »WOW, WIE LECKER!« UND: »WAS, DA IST ECHT KEIN FRISCHKÄSE DRIN?«

AGAR-AGAR!

Was klingt wie ein martialischer Schlachtruf, ist in Wahrheit ein überaus geniales Geliermittel aus Rotalgen, das in der veganen Küche vielfältig einsetzbar ist: in Flans und Puddings, als Tortenguss, in Pasteten, Terrinen und und und. Als Faustregel gilt: 1 l Flüssigkeit geliert mit 10 g Agar-Agar schnittfest; und wenn Sie ein Rezept mit Gelatine »veganisieren« möchten, ersetzen Sie 6 Blatt Gelatine durch 5 g Agar-Agar. Das Pulver wird in die Flüssigkeit eingerührt und dann ca. 2 Min. aufgekocht. Und nicht erschrecken: Agar-Agar geliert erst nach dem Abkühlen.

NEULING AUS ASIEN

Kudzu oder auch Kuzu wird aus den Knollen der »Pueraria lobata«, einer japanischen Kletterpflanze hergestellt, die auch unter dem Namen »Weltengrün« bekannt ist. Sie bekommen es in Klümpchen- oder Bröckchenform im Bioladen. Kudzu wird vor der Verwendung mit der Rückseite eines Kochlöffels zerdrückt und dann in Wasser aufgelöst. Zum Binden genügt es dann, das komplett gelöste Pulver in die warme Flüssigkeit einzurühren – es darf nicht gekocht werden. Übrigens: Das weiß-klumpige Pulver eignet sich auch wunderbar als Ei-Ersatz beim Panieren. Auch hier gilt: vorher in Wasser auflösen.

BINDET GUAR-ANTIERT!

Mein Favorit unter den Gelier- und Bindemitteln: Guarkernmehl aus den Samen der Guarbohne.

Was ich so praktisch daran finde: Es bindet sowohl warm als auch kalt und taugt damit für die Vanillecreme von S. 156 ebenso wie für eine wunderbar sämige Sauce hollandaise (siehe S. 74). Merke: 1 g Guarkernmehl, also ca. 1/2 TL, bindet 150 ml Flüssigkeit. Auf den Packungen wird es übrigens auch unter den Bezeichnungen Guar und Guarmehl gelistet.

VEGANE ZAUBER-EI

Hätten Sie's gedacht? In herzhaftem Gebäck geben 2 EL Leinsamen (geschrotet und in 3 EL lauwarmem Wasser angerührt) so viel Bindung wie 1 Ei. Zusatzplus: Sie liefern obendrein wertvolle Omega-3-Fettsäuren.

Wenn es um die Lockerung von Kuchen-, Pfannkuchen- und Waffelteig geht, nehmen Sie pro Ei 1 gestrichenen TL Backpulver. 1 Schuss Mineralwasser macht den Teig extra fluffig.

Auch Früchte sind veganer Ei-Ersatz: 3 EL Apfelmus oder 1/2 reife Banane ersetzen in Rührteigen 1 Ei und machen Muffins und Co. schön saftig und locker. Der Unterschied zwischen beiden: Banane schmeckt ein wenig heraus.

Mit Sojamehl und Speisestärke lässt es sich ebenfalls gut backen, und zwar mit 1 TL pro Ei. Was die beiden unterscheidet: Sojamehl wirkt bindend und lockernd, Stärke bindet nur. Auch zu beachten: Sojamehl verändert ein wenig den Geschmack. Darum verwende ich es nur, wenn maximal 1–2 Eier ersetzt werden müssen. Ganz bequem: fertiges Ei-Ersatzpulver aus Stärke, Tapioka und pflanzlichem Verdickungsmittel, mit dem Sie sogar »Eischnee« zaubern können.

ABER BITTE MIT SAHNE!

Dass Sie Butter durch pflanzliche Margarine ersetzen können, klingt vielleicht erst einmal banal, aber: Margarine ist nicht immer vegan, denn oft werden ihr Speisefettsäuren zugesetzt, die tierischen Ursprungs sein können. Darum Augen auf beim Einkauf! Für das Sahnehäubchen auf dem fertigen Kuchen gibt es pflanzliche Sahne (z. B. aus Soja, Reis oder Kokos). Ein Blick aufs Etikett verrät, ob sie sich steif schlagen lässt. Mit reiner Kochsahne bzw. »Kochcreme« geht das nämlich nicht. Für besonders standfeste Sahnetuffs wie bei Oma können Sie auf 200 ml vegane Sahne 1–2 Pck. Sahnefestiger zugeben.

DAS PFLANZENFLEISCH SCHLECHTHIN

SEITAN

GRUNDREZEPT

300 g Glutenpulver (siehe S. 186 f.)
1 Zwiebel
4 Knoblauchzehen
1 frische Chilischote
2 Lorbeerblätter
3 EL Sojasauce
1 TL Fenchelsamen (nach Belieben)
2 EL Agavendicksaft (siehe S. 186 f.)
Salz

AUSSERDEM
1 großes Glas mit Schraubdeckel
(ca. 2,5 l Inhalt; beispielsweise ein großes Gurkenglas)

FÜR CA. 700 G SEITAN
Zubereitungszeit: ca. 20 Min.
Garzeit: ca. 50 Min.
Pro 100 g ca. 190 kcal, 35 g EW, 2 g F, 7 g KH

1 Das Glutenpulver in einer Schüssel mit 300 ml Wasser vermengen und mit einem Schneebesen zu einem homogenen Teig verarbeiten. Den Teig dritteln, zu Klößen formen und kurz beiseitestellen.

2 Die Zwiebel schälen und halbieren. Die Knoblauchzehen schälen. Die Chilischote waschen. In einem großen Topf 2,5 l Wasser aufkochen. Zwiebelhälften, Knoblauch, die ganze Chilischote und die übrigen Zutaten hinzugeben und die Brühe kräftig mit Salz abschmecken. Sie sollte leicht überwürzt sein, damit der Seitan möglichst viel Geschmack annimmt.

3 Die Seitanklöße in das Glas geben und mit der kochenden Brühe übergießen. Das Glas locker verschließen (den Deckel nicht ganz aufschrauben) und zurück in den Topf stellen. So viel Wasser angießen, dass das Glas zu drei Vierteln im Wasser steht, und zum Kochen bringen. Danach auf mittlere Hitze reduzieren und 50 Min. köcheln lassen.

4 Das Glas nach Ablauf der Garzeit vorsichtig herausnehmen (Achtung, heiß!) und die Brühe durch ein Sieb abgießen. Die Flüssigkeit aus dem Glas auffangen, sie kann für die nächste Portion Seitan noch einmal verwendet werden.

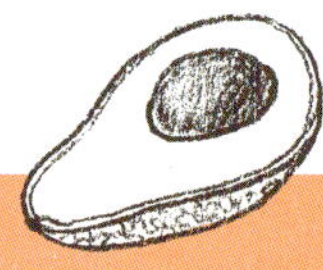

MEINE PRAXISTIPPS

Der fertige Seitan hält sich, luftdicht in einem Gefrierbeutel verpackt, 2–3 Wochen im Kühlschrank und mehrere Monate im Tiefkühlfach. Er kann wie Fleisch verarbeitet werden und nimmt jede Würze dankbar auf: Verarbeiten Sie ihn, klein geschnitten und pikant gewürzt, zu »Gyros« oder Geschnetzeltem oder mixen Sie ihn in der Küchenmaschine klein und formen Sie Frikadellen daraus.

Alternativ zu Glutenpulver können Sie auch einfach Weizenmehl verwenden: Für 500 g Seitan 1 kg Weizenmehl (Type 405 oder 550) mit 1 l Wasser verkneten und 1 Std. ruhen lassen. Den Teig in einem Sieb unter fließendem Wasser so lange kneten und auswaschen, bis das Wasser klar bleibt und eine schwammige Masse entstanden ist. Diese Masse wird dann wie oben in Brühe gekocht, je nach Rezept in größere oder kleinere Stücke geschnitten und weiterverarbeitet.

SEITAN KOMMT AUS ASIEN UND IST DER FLEISCHERSATZ SCHLECHTHIN. AN FAULEN

TAGEN KAUFE ICH IHN IM BIOMARKT. UND WARUM DANN SELBER MACHEN? WEIL SO VON

FLACHEN »SCHNITZELN« BIS ZU KUGELRUNDEN »KLÖSSCHEN« ALLES MÖGLICH IST!

REZEPTE

100 AN DER ZAHL

AUF DIE PFLANZEN, FERTIG, LOS!

HIER GEHT ES NUN ENDLICH ANS EINGEMACHTE,
GESCHMORTE, ÜBERBACKENE, GEBRATENE UND ABGESCHMECKTE!
JEDE MENGE VEGANE REZEPTE FÜR ALLE LEBENSLAGEN
VON FRÜHSTÜCK BIS ROMANTIKDINNER
WARTEN DARAUF, ENTDECKT ZU WERDEN.

GUTEN MORGEN!

VEGAN FRÜHSTÜCKEN

AUFGEWECKTE IDEEN FÜR EINEN GUTEN START IN DEN TAG: UNTER DER WOCHE SIND SMOOTHIES UND FRUCHTSALATE FIX ZUBEREITET, UND ZUM SONNTAGSFRÜHSTÜCK DÜRFEN ES GERNE MAL PANCAKES ODER MARMELADENBRÖTCHEN SEIN.

GREEN-POWER-

----- SMOOTHIE -----

DIE BRENNNESSEL IST REICH AN SEKUNDÄREN PFLANZENSTOFFEN, MINERALSTOFFEN UND VITAMINEN. AM BESTEN SCHMECKEN DIE JUNGEN TRIEBE DER PFLANZE.

200 g junge Brennnesselblätter
2 Bananen
4 Medjoul-Datteln (oder 6 normale getrocknete)
1/2 Limette
12 Walnusskerne
2 Handvoll Eiswürfel

FÜR 2 PERSONEN
Zubereitungszeit: ca. 10 Min.
Pro Portion ca. 260 kcal, 10 g EW, 9 g F, 33 g KH

1 Die Brennnesselblätter abbrausen (dabei Gummihandschuhe tragen) und gründlich trocken schleudern. Die Bananen schälen. Die Datteln entsteinen. Die Limettenhälfte auspressen.

2 Brennnesseln, Bananen, Datteln, Limettensaft, Walnusskerne und Eiswürfel mit 500 ml Wasser in der angegebenen Reihenfolge in einen Küchenmixer geben und auf höchster Stufe pürieren. Wer es flüssiger mag, kann noch mehr Wasser hinzugeben.

MEINE PRAXISTIPPS

Damit Brennnesseln beim Sammeln und Verarbeiten nicht brennen: Arbeitshandschuhe tragen! So können Sie die jungen Triebe der Pflanze problemlos abzupfen und in einer Plastiktüte aufbewahren. Sind die Brennnesselblätter einmal püriert, brennen sie nicht mehr, sondern zeigen nur noch ihre positive Wirkung.

Weil Brennnesseln stark entgiftend wirken, können empfindliche Personen mit einer abgeschwächten Variante beginnen: Ersetzen Sie einfach die Hälfte der Brennnesselblätter durch Kopfsalat oder Giersch.

GOOD MORNING

----- SUNSHINE -----

GRÜNE SMOOTHIES KÖNNEN MORGENS OPTIMAL VOM KÖRPER AUFGENOMMEN WERDEN, BELASTEN IHN NICHT, MACHEN ABER LANGE SATT.

MACHT SATT UND IST GESUND

1 Den Spinat verlesen, in kaltem Wasser waschen und abtropfen lassen. Die Mango schälen und das Fleisch vom Stein schneiden. Die Bananen schälen, die Minze waschen, trocken tupfen und die Blättchen abzupfen.

2 Die Hälfte der vorbereiteten Zutaten mit der Hälfte der Eiswürfel und 400 ml Wasser in der angegebenen Reihenfolge in einem Mixer oder mit dem Pürierstab auf höchster Stufe pürieren (nach Belieben ein paar Mangowürfel und Spinatblätter zum Garnieren zurückbehalten). Wer es flüssiger mag, kann noch etwas mehr Wasser hinzugeben.

3 Den Smoothie in ein Glas geben und die andere Hälfte der Zutaten ebenso mixen. Nach Belieben die zurückbehaltenen Mangowürfel und Spinatblätter auf Holzspieße spießen und die Gläser damit garnieren.

MEIN TAUSCHTIPP

Anstelle von Spinat lassen sich für grüne Smoothies je nach Saison auch Mangold, Kopfsalat, Grünkohl oder Feldsalat verwenden. Klingt erst mal gewöhnungsbedürftig? Stimmt. Sie werden die Vorteile dieses gesunden und leichten Frühstücks jedoch bestimmt bald zu schätzen wissen.

200 g junger Spinat
1 reife Mango
2 Bananen
4 Stängel Minze
2 Handvoll Eiswürfel

AUSSERDEM

Holzspieße zum Garnieren (nach Belieben)

FÜR 2 PERSONEN

Zubereitungszeit: ca. 10 Min.
Pro Portion ca. 145 kcal, 4 g EW, 1 g F, 30 g KH

HANF-KOKOS-SHAKE

3 EL geschälte Hanfsamen (siehe S. 186 f.)
1 junge Kokosnuss (siehe Tipp)
3–4 Medjoul-Datteln
(oder 6–8 normale getrocknete)
1 Prise Bourbon-Vanillepulver

AUSSERDEM
1 EL getrocknete Gojibeeren (Bioladen)
oder 1 Stängel Minze zum Garnieren

FÜR 2 PERSONEN
Zubereitungszeit: ca. 15 Min.
Einweichzeit: ca. 8 Std.
Pro Portion ca. 710 kcal, 10 g EW, 60 g F, 36 g KH

IDEAL NACH DEM SPORT

1 Die Hanfsamen 8 Std. oder über Nacht in reichlich Wasser einweichen.

2 Am nächsten Tag die Kokosnuss öffnen: Dazu mit einem Messer die äußere Hülle an der oberen Spitze der Nuss rundherum einschlagen und den entstandenen Deckel abnehmen. Das Kokosnusswasser auffangen und mit Wasser auf 600 ml auffüllen. Das weiche, weiße Fruchtfleisch mit einem Löffel aus der Nuss lösen.

3 Die Hanfsamen abgießen, die Datteln entsteinen und zusammen mit dem Kokosfleisch, dem Kokoswasser-Wasser-Gemisch und dem Vanillepulver in einem Mixer zu einem glatten Shake pürieren.

4 Das Getränk auf zwei Gläser verteilen. Die Minze (falls verwendet) waschen, trocken tupfen und die Blättchen abzupfen. Das Getränk wahlweise mit den Gojibeeren bestreuen oder mit den Minzeblättchen garnieren.

MEIN TAUSCHTIPP

Die ganz jungen, noch grünen Kokosnüsse finden Sie in gut sortierten Asienläden. Noch häufiger werden dort sogenannte »Pagoden« angeboten: bereits geschälte und daher cremefarbene, spitz zulaufende junge Kokosnüsse. Wenn Sie keine bekommen, können Sie stattdessen für dieses Rezept 3 EL Kokoscreme aus dem Bioladen, gemixt mit 600 ml Wasser, verwenden.

IN DIESEM SHAKE UNWIDERSTEHLICH »CRUNCHY«, AUSSERDEM GESUND UND PROTEINREICH: HANFSAMEN SIND IN MEINER KÜCHE UNVERZICHTBAR!

CHIA-PUDDING

MIT MACADAMIA

CHIASAMEN SIND EINE ENTDECKUNG, DIE SICH LOHNT: AUS IHNEN WIRD DER EINFACHSTE UND GESÜNDESTE PUDDING DER WELT.

1 Die Nüsse ca. 2 Std. in reichlich Wasser einweichen.

2 Die Nüsse abgießen und zusammen mit 500 ml Wasser, Vanille, Zimt und Datteln (oder Agavendicksaft) in der Küchenmaschine oder im Mixer pürieren, bis eine glatte »Milch« entstanden ist.

3 Die Chiasamen einrühren und im Kühlschrank mindestens 1 Std. (besser über Nacht) quellen lassen, bis ein Pudding entstanden ist.

12 Macadamianusskerne
(möglichst ungesalzen)
2 Msp. Bourbon-Vanillepulver
2 Msp. Zimtpulver
2 Datteln
(oder 2 TL Agavendicksaft; siehe S. 186 f.)
8 EL Chiasamen (siehe S. 186 f.)

FÜR 2 PERSONEN
Zubereitungszeit: ca. 10 Min.
Einweichzeit: ca. 2 Std.
Quellzeit: ca. 1 Std.
Pro Portion ca. 400 kcal, 12 g EW, 32 g F, 3 g KH

MEINE PRAXISTIPPS

Sie können diesen Pudding nach Belieben mit frischen Früchten garnieren, beispielsweise mit Mango oder Ananas.

Falls Sie keine Chiasamen finden, können Sie die Macadamiamilch auch pur genießen. Am besten passieren Sie sie dann nach dem Pürieren durch ein Sieb, geben die Gewürze erst danach hinzu und mixen noch einmal kräftig. Versuchen Sie das Rezept doch auch einmal mit Hasel- oder Cashewnüssen oder mit Mandeln! Selbst mit gesalzenen Macadamias geht's zur Not: einfach das Salz gründlich abwaschen, bevor Sie die Nüsse einweichen.

MELONEN-SALAT

DIE SONNENBLUMENKERNE MACHEN DEN MELONENSALAT ZU EINEM VOLLWERTIGEN, FRISCHEN FRÜHSTÜCK. FEIN AUCH ALS SNACK FÜR ZWISCHENDURCH!

1 Die Melonen schälen, bei der Charentais-Melone die Fasern und Kerne mit einem Löffel entfernen. Die Melonen in mundgerechte Stücke schneiden.

2 Die Minze waschen und trocken schütteln, die Blättchen abzupfen, hacken und mit dem Zitronensaft sowie dem Zimt unter die Melonen heben.

3 Die Sonnenblumenkerne in einer Pfanne ohne Fett bei mittlerer Hitze goldbraun anrösten und über den Melonensalat streuen.

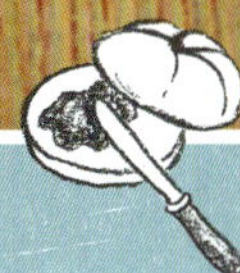

MEIN VERWANDLUNGSTIPP

Dieser Salat lässt sich fix in einen frischen Sommersmoothie verwandeln: einfach die Sonnenblumenkerne weglassen und alle anderen Zutaten zusammen mit einer Handvoll Eis in einem Mixer pürieren.

FÜR HEISSE SOMMERTAGE

300 g Wassermelone
300 g Charentais-Melone
(ersatzweise Honig-, Cantaloupe- oder Galiamelone)
2 Stängel Minze
Saft von 1/2 Zitrone
1 Prise Zimtpulver
2 EL Sonnenblumenkerne

FÜR 2 PERSONEN

Zubereitungszeit: ca. 10 Min.
Pro Portion ca. 150 kcal, 4 g EW, 6 g F, 22 g KH

HIRSEAUFLAUF

MIT ÄPFELN

WARMER START IN DEN TAG

1 Dose Kokosmilch (400 ml)
180 g Hirse
4 EL Agavendicksaft (siehe S. 186 f.)
1/2 TL Zimtpulver
1 gestrichener TL Bourbon-Vanillepulver
1 Prise Salz
2 große Äpfel

AUSSERDEM
Auflaufform (ca. 25 x 15 cm)
vegane Margarine (siehe S. 186 f.) für die Form
4 EL Zucker

FÜR 4 PERSONEN
Zubereitungszeit: ca. 20 Min.
Kühlzeit: ca. 1 Std.
Backzeit: ca. 35 Min.
Pro Portion ca. 480 kcal, 7 g EW, 21 g F, 65 g KH

1 Die Dose Kokosmilch für mindestens 1 Std. in den Kühlschrank stellen.

2 Die Hirse in einem Sieb mit heißem Wasser abspülen, dann mit der doppelten Menge Wasser in einen Topf geben und aufkochen. 2 Min. bei mittlerer Hitze offen kochen, danach die Hitze herunterschalten und die Hirse zugedeckt ca. 15 Min. quellen lassen, bis sie das Wasser vollständig aufgesogen hat.

3 Die gekühlte Kokosmilch-Dose öffnen, das feste Kokosmus mit einem Löffel abheben und mit Agavendicksaft, Zimt, Vanille und Salz in einer Schüssel mit den Quirlen des Handrührgeräts verrühren. Sollte die Masse zu fest sein, kann sie mit der flüssigen Kokosmilch verdünnt werden, die in der Dose zurückgeblieben ist. Dann vorsichtig die gekochte Hirse unterrühren.

4 Den Backofen auf 200° vorheizen (Umluft 180° ohne Vorheizen). Die Äpfel waschen, das Kerngehäuse entfernen und das Fruchtfleisch in Scheiben schneiden. Die Auflaufform mit Margarine einfetten, mit dem Zucker ausstreuen und dachziegelartig mit den Apfelscheiben auslegen.

5 Die Hirse-Kokos-Masse darauf verteilen und den Auflauf im heißen Backofen (unten) in ca. 35 Min. goldbraun überbacken.

MEINE PRAXISTIPPS

Eine Küchenwaage brauchen Sie für dieses Rezept nicht: Kochen Sie einfach 1 Tasse Hirse mit 2 Tassen Wasser. Einfach zu merken, einfach zu machen.

Übrigens: Die flüssigen Bestandteile der Kokosmilch, die in diesem Rezept nicht verwendet werden, können Sie für den Hanf-Kokos-Shake von S. 24 anstelle des Kokosnusswassers verwenden. Oder Sie geben sie in einen frischen Fruchtsmoothie.

LOCKER UND FLUFFIG

VANILLA PANCAKES

MIT MANGO-MANDEL-CREME

FÜR DIE CREME
1 reife Mango
100 g blanchierte Mandeln
(ersatzweise Mandelstifte oder Mandelblättchen)
2 EL Holunderblütensirup
(ersatzweise Agavendicksaft, siehe S. 186 f.)
1 Msp. Bourbon-Vanillepulver

FÜR DIE PANCAKES
150 g Weizenmehl (Type 405)
50 g Zucker
1 gehäufter TL Backpulver
375 ml Sojamilch (siehe S. 186 f.)
1/2 TL Bourbon-Vanillepulver

AUSSERDEM
1 EL Kokosöl zum Braten

FÜR 4 PERSONEN
Zubereitungszeit: ca. 30 Min.
Pro Portion ca. 440 kcal, 12 g EW, 18 g F, 56 g KH

1 Für die Creme die Mango schälen und das Fleisch vom Stein schneiden. Die Hälfte des Fruchtfleischs in Spalten schneiden und beiseitelegen, die andere Hälfte mit Mandeln, Holunderblütensirup, Vanille und 100 ml Wasser in einer Küchenmaschine oder einem Mixer fein pürieren. Sollte die Creme zu fest sein, kann sie mit Wasser verdünnt werden.

2 Für die Pancakes Mehl, Zucker, Backpulver, Sojamilch und Vanille in einer Schüssel mit dem Schneebesen zu einem dünnen Teig verrühren.

3 In eine große beschichtete Pfanne 1/3 TL Kokosöl geben und mit Küchenpapier verteilen. Die Pfanne erhitzen und mit einer Kelle Pancake-Teig hineingeben, sodass kleine Fladen von ca. 6 cm Ø entstehen. Die Pancakes bei mittlerer Hitze ca. 1 Min. backen, bis die Oberseite Blasen wirft (falls sie auf der Unterseite zu schnell bräunen, die Hitze reduzieren). Dann wenden und weitere 30 Sek. anbraten. Den Vorgang wiederholen, bis der Teig aufgebraucht ist. Fertige Pancakes im Backofen bei 100° (Umluft 80°) warm halten.

4 Die Vanilla Pancakes zusammen mit der Mandel-Mango-Creme servieren und mit den übrigen Mangospalten garnieren.

MEIN PRAXISTIPP

Zu viel Öl in der Pfanne lässt die Pancakes leicht anbrennen. Deshalb verteile ich immer nur eine Spur Kokosöl mit Küchenpapier darin. Aber passen Sie auf Ihre Finger auf, sobald die Pfanne heiß ist!

AUCH VEGANISTAS LASSEN SICH GERN BEKOCHEN. DIESES REZEPT IST EINE ERFINDUNG MEINES FREUNDES, DER ES MIR OFT AM WOCHENENDE ZUM FRÜHSTÜCK ZUBEREITET.

SONNTAGSBRÖTCHEN

MIT SCHNELLER PFLAUMENKONFITÜRE

SÜSSER SONNTAG-MORGEN

FÜR DIE KONFITÜRE
500 g blaue Pflaumen
6 EL Agavendicksaft (siehe S. 186 f.)
2 Kardamomkapseln
1 Msp. Bourbon-Vanillepulver
1/2 TL Guarkernmehl
(ersatzweise 1/3 TL Agar-Agar; siehe S. 186 f.)

FÜR DIE BRÖTCHEN
125 ml Sojamilch (siehe S. 186 f.)
500 g Weizenmehl (Type 550)
1 Würfel Hefe (42 g)
80 g Zucker
60 g Cashewnusskerne
2 Bananen
80 g weiche vegane Margarine (siehe S. 186 f.)
1 Prise Salz
1/2 TL Zimtpulver
1 Pck. Bourbon-Vanillezucker

AUSSERDEM
Springform (26 cm Ø)
vegane Margarine für die Form
1 Glas mit Schraubdeckel (ca. 500 ml Inhalt)

FÜR 12 BRÖTCHEN UND 1 GLAS KONFITÜRE À 500 ML
Zubereitungszeit: ca. 50 Min.
Ruhezeit: ca. 1 Std. 5 Min.
Backzeit: ca. 20 Min.
Pro Brötchen mit 1 EL Konfitüre
ca. 305 kcal, 7 g EW, 8 g F, 50 g KH

MEIN AUFBEWAHRUNGSTIPP

Die Konfitüre hält sich im gut verschlossenen Glas im Kühlschrank ca. 4 Wochen lang.

1 Für die Konfitüre die Pflaumen waschen, entsteinen und in kleine Würfel schneiden. Zusammen mit dem Agavendicksaft in einem Topf erwärmen und zugedeckt ca. 10 Min. im eigenen Saft köcheln lassen. Inzwischen die Kardamomkapseln öffnen und die Samen mit dem Griff eines Messers oder im Mörser leicht zerstoßen. Kardamom und Vanillepulver unter die Pflaumenkonfitüre mischen. Den Topf vom Herd nehmen und das Guarkernmehl gründlich unterrühren. 1 Minute rühren, bis die Masse homogen geliert ist. (Bei Verwendung von Agar-Agar die Konfitüre noch einmal aufkochen und 1 Min. köcheln lassen.) Die Konfitüre in ein heiß ausgespültes Glas mit Schraubdeckel füllen (den Rest zum Sofortverzehr in ein Schälchen geben) und abkühlen lassen.

2 Für die Brötchen die Sojamilch lauwarm erwärmen. Das Mehl in eine Schüssel geben, in die Mitte eine Mulde drücken und die Hefe hineinbröckeln. 40 g Zucker darüberstreuen und mit der lauwarmen Sojamilch übergießen. Ca. 10 Min. stehen lassen, bis die Hefe Blasen wirft.

3 Inzwischen die Cashewnusskerne grob hacken und in einer Pfanne ohne Öl hellbraun anrösten. Die Bananen schälen und mit einer Gabel gut zerdrücken. Bananen und Nüsse zusammen mit den restlichen Teigzutaten zum Vorteig geben und alles glatt verkneten. Den Teig abgedeckt an einem warmen Ort ca. 40 Min. gehen lassen.

4 Sobald der Hefeteig sein Volumen verdoppelt hat, die Springform leicht einfetten. Den Teig in zwölf gleiche Portionen teilen, jede zu einer Kugel formen, diese in die Springform setzen und nochmals 15 Min. abgedeckt gehen lassen. Inzwischen den Backofen auf 200° vorheizen (Umluft 180° ohne Vorheizen). Die Brötchen im heißen Ofen (Mitte) in 20 Min. goldbraun backen. Herausnehmen, auf einem Kuchengitter abkühlen lassen und mit der Pflaumenkonfitüre servieren.

DER PERFEKTE SONNTAG: ERST LANGE AUSSCHLAFEN UND DANN SO RICHTIG

AUSGIEBIG FRÜHSTÜCKEN. AM LIEBSTEN MIT DIESEN BANANENBRÖTCHEN. GIBT'S DAZU DANN

NOCH MEINE RATZFATZ-PFLAUMENKONFITÜRE, SCHWEBE ICH IM FRÜHSTÜCKSHIMMEL!

RÜHRTOFU

MIT KNUSPERWÜRFELN

DIESES GERICHT HAT ÜBERRASCHEND VIEL ÄHNLICHKEIT MIT DEM FRÜHSTÜCKSRÜHREI - IST ABER VOLLKOMMEN CHOLESTERINFREI!

250 g Räuchertofu
8 EL Olivenöl
750 g Tofu natur
1 1/2 TL Kurkumapulver
Salz
400 g Seidentofu (siehe S. 186 f.)
1 Bund Schnittlauch
schwarzer Pfeffer aus der Mühle

FÜR 4 PERSONEN
Zubereitungszeit: ca. 25 Min.
Pro Portion ca. 570 kcal, 46 g EW, 40 g F, 7 g KH

1 Den Räuchertofu in ca. 0,5 cm große Würfel schneiden. 2 El Olivenöl in einer Pfanne erhitzen und den Tofu bei mittlerer Hitze in ca. 4 Min. kross anbraten.

2 In einer großen Schüssel den Naturtofu mit den Händen oder einer Gabel zerbröseln. Mit Kurkuma vermischen und mit Salz würzen. Das restliche Öl in der Pfanne erhitzen und den zerbröselten Tofu bei großer Hitze 7–8 Min. scharf anbraten. Dabei nicht zu oft umrühren, sondern besser warten, bis sich eine leichte braune Kruste gebildet hat.

3 Den Seidentofu in eine Schüssel geben und mit einer Gabel grob durchrühren. Den Schnittlauch waschen, trocken tupfen und in feine Röllchen schneiden. Wenn der Tofu in der Pfanne gut gebräunt ist, den Seidentofu und die Räuchertofuwürfel hinzugeben und alles unter gelegentlichem Rühren 1 weitere Min. braten. Den Rührtofu mit Salz und Pfeffer abschmecken und zum Schluss den Schnittlauch unterrühren.

MEIN TAUSCHTIPP

Sie können einen Teil der Salzmenge durch Kala Namak (siehe S. 186 f.) ersetzen. Es verleiht dem Rührtofu einen besonders eierähnlichen Geschmack.

ROTE-BETE-AUFSTRICH

ALS ICH VEGANERIN WURDE, HABE ICH BROTAUFSTRICHE FÜR MICH ENTDECKT. MITTLERWEILE WEISS ICH GAR NICHT MEHR, WIE ICH FRÜHER OHNE DIESE WÜRZIGEN PASTEN GELEBT HABE!

1 Die Sonnenblumenkerne ca. 1 Std. lang in der doppelten Menge Wasser einweichen.

2 Inzwischen die Roten Beten mit einer Gemüsebürste unter fließendem Wasser gründlich abbürsten und die Stielansätze entfernen. Die Roten Beten nur falls nötig schälen, dann vierteln und in Salzwasser in ca. 40 Min. weich kochen.

3 Kurz vor Ende der Garzeit den Meerrettich schälen und auf der Küchenreibe fein reiben. Die Zwiebel schälen und in grobe Stücke teilen. Die Sonnenblumenkerne abgießen und mit Meerrettich, Zwiebel, Öl, Agavendicksaft und 1 TL Salz in eine Schüssel geben.

4 Die Roten Beten in ein Sieb abgießen und ebenfalls hinzugeben. Alles mit dem Pürierstab zu einer glatten Creme pürieren und zum Schluss mit Salz abschmecken.

MEIN AUFBEWAHRUNGSTIPP

Der Aufstrich hält sich in einem Schraubdeckelglas mehrere Tage im Kühlschrank, kann aber auch im Schraubglas eingefroren werden.

100 g Sonnenblumenkerne
250 g Rote Beten
Salz
30 g frischer Meerrettich
(ersatzweise 2 EL geriebener aus dem Glas)
1 Zwiebel
50 ml Sonnenblumenöl
1 EL Agavendicksaft (siehe S. 186 f.)

FÜR 10 PORTIONEN À 50 G
Zubereitungszeit: ca. 15 Min.
Einweichzeit: ca. 1 Std.
Garzeit: ca. 40 Min.
Pro Portion ca. 120 kcal, 3 g EW, 10 g F, 5 g KH

PFLANZ-
LICHER
BROTZEIT-
KLASSIKER

80 g Pflanzenfett
2 Zwiebeln
1 kleiner Apfel
80 g Kokosfett
80 ml neutrales Pflanzenöl

AUSSERDEM
2 Schraubdeckelgläser (à 300 ml Inhalt)

FÜR 2 GLÄSER À 250 G
Zubereitungszeit: ca. 45 Min.
Abkühlzeit: ca. 8 Std.
Pro Portion à 50 g ca. 130 kcal, 0 g EW, 14 g F, 1 g KH

VEGANES SCHMALZ

MIT ZWIEBELN

DIESES »SCHMALZ« FAND SCHON BEI EINIGEN DINNERABENDEN ALS »GRUSS AUS DER KÜCHE« GROSSEN ANKLANG. ES SCHMECKT AM BESTEN AUF FRISCHEM GRAUBROT.

1 Das Pflanzenfett in einer Pfanne erhitzen. Die Zwiebeln schälen und sehr fein würfeln. Die Zwiebelwürfel in die Pfanne geben und bei kleiner Hitze in ca. 10 Min. langsam ausbraten, bis die Zwiebeln goldbraun sind und angenehm nach Röstzwiebeln duften.

2 Den Apfel schälen und ebenfalls sehr fein würfeln. Zu den Zwiebeln geben und ca. 5 Min. mitrösten. Die Pfanne vom Herd nehmen und das Kokosfett sowie das Öl gründlich unterrühren. Die Mischung ca. 2 Std. abkühlen lassen, danach in Gläser füllen und in weiteren 6 Std. vollständig fest werden lassen.

MEINE PRAXISTIPPS

Das Schmalz hält sich im Kühlschrank mehrere Monate. Statt Apfel und Zwiebel mit in die Gläser zu geben, können Sie das »Schmalz« auch durch ein Sieb in die Gläser füllen und die Apfel-Zwiebel-Mischung gut ausgedrückt auf ein Blech mit Backpapier streichen. Leicht salzen und im Backofen bei 70° (Umluft 60°) in 5–6 Std. knusprig trocknen, dabei einen Kochlöffel in die Backofentür klemmen. Die Mischung vor dem Servieren über das Schmalz bröseln.

ZWIEBEL-»METT«

ALS ICH IHN ZUM ERSTEN MAL PROBIERT HABE, KONNTE ICH NICHT GLAUBEN, WIE ÄHNLICH DIESER AUFSTRICH DEM METT VOM METZGER IST!

1 Die Reiswaffeln mit den Händen zerbröseln und beiseitestellen. Die Zwiebel schälen, sehr fein würfeln und zu den Reiswaffeln geben.

2 Das Tomatenmark in 300 ml heißem Wasser auflösen, den Gurkensud hinzugeben und alles zu der Reiswaffelmischung gießen. Gründlich unterrühren und das »Mett« mit Salz und Pfeffer abschmecken.

3 Das »Mett« mindestens 8 Std., am besten über Nacht, im Kühlschrank durchziehen lassen.

MEIN WÜRZTIPP

Wer es gerne noch herzhafter hat, streut beim Servieren noch frische Zwiebelwürfel über das »Mett«.

100 g Reiswaffeln
1 große Zwiebel
4 EL Tomatenmark
5 EL Gurkensud von Gewürzgurken (ersatzweise 1 EL Weißweinessig, 1 Prise Zucker und 5 EL Wasser)
Salz | schwarzer Pfeffer aus der Mühle

FÜR 10 PORTIONEN À 50 G
Zubereitungszeit: ca. 10 Min.
Durchziehzeit: ca. 8 Std.
Pro Portion ca. 45 kcal, 1 g EW, 0 g F, 9 g KH

HAUSGEMACHTE SPEZIALITÄT

VEGANER AUFSCHNITT

40 g Sojawürfel (siehe S. 186 f.)
1 kleine Zwiebel | 1 rote Paprikaschote
je 1/2 TL getrockneter Majoran, Thymian und Rosmarin
1 TL edelsüßes Paprikapulver
1 EL Hefeflocken (siehe S. 186 f.)
1 gestrichener TL Salz
1 Prise frisch geriebene Muskatnuss
1 TL Senf | 1 TL Ketchup
1/2 TL Grill-Gewürzmischung (siehe Tipp S. 104)
1 EL Olivenöl | 1 TL Sojasauce
1 Spritzer Agavendicksaft (siehe S. 186 f.)
90 g Glutenpulver (bei Bedarf mehr; siehe S. 186 f.)

AUSSERDEM
Alufolie | neutrales Pflanzenöl

FÜR 3 »WÜRSTE« À 100 G
Zubereitungszeit: ca. 40 Min.
Garzeit: ca. 1 Std.
Pro Stück ca. 225 kcal, 33 g EW, 5 g F, 9 g KH

MEINE PRAXISTIPPS

Die Würste halten sich, luftdicht verpackt, 2–3 Wochen im Kühlschrank und mehrere Monate im Tiefkühlfach.

Mit folgenden Zutaten können Sie den Aufschnitt immer wieder abwandeln: mit grünem Pfeffer (Glas), Kapern, Pistazien, getrockneten Tomaten und Oliven.

Mit veganer Mayonnaise (siehe Tipp S. 64) und Gewürzgurken ergibt der Aufschnitt einen leckeren veganen Fleischsalat.

1 Die Sojawürfel ca. 5 Min. in reichlich Wasser kochen, abgießen und abtropfen lassen.

2 Die Zwiebel schälen und in feine Würfel schneiden. Die Paprikaschote putzen, waschen und grob würfeln. Sojawürfel, Zwiebel- und Paprikawürfel und alle weiteren Zutaten bis auf das Glutenpulver zusammen mit 50 ml Wasser in eine Küchenmaschine oder einen Mixer geben und glatt pürieren.

3 Das Glutenpulver zugeben, alles zu einem knetbaren Teig verarbeiten und bei Bedarf nachsalzen. Sollte die Masse nicht fest genug sein, weiteres Glutenpulver einarbeiten, bis sich der Teig feucht und leicht porös anfühlt und gut zusammenhält.

4 Den Backofen auf 200° vorheizen (Umluft 180° ohne Vorheizen). Die Masse zu drei Rollen von ca. 5 cm Ø formen, diese nicht zu fest in leicht geölte Alufolie einrollen (die Masse quillt etwas auf) und die Enden gut verzwirbeln. Die »Würste« auf dem Rost im Backofen (Mitte) ca. 35 Min. garen. Für eine etwas weichere Konsistenz die »Würste« stattdessen in Wasser garen: Dafür reichlich Wasser in einem großen Topf aufkochen, die »Würste« hineinlegen und ca. 1 Std. auf kleinster Hitze gar ziehen lassen.

5 Nach Ablauf der Garzeit die »Würste« herausnehmen und abkühlen lassen. Am besten lassen Sie den Aufschnitt über Nacht im Kühlschrank ruhen. Er ist dann noch schnittfester.

IM BIOLADEN GIBT'S VEGANEN AUFSCHNITT IN 1001 VARIANTEN. ABER SELBST GEMACHT SCHMECKT EINFACH BESSER! UND MIT EIN BISSCHEN FANTASIE UND MEINEN TIPPS KÖNNEN SIE DAS GRUNDREZEPT 1001 MAL ABWANDELN.

FÜR VORNEWEG,

ZWISCHENDURCH UND UNTERWEGS

UNTERWEGS VEGAN ZU ESSEN IST EIN PROBLEM?
VON WEGEN! SANDWICHES, WRAPS UND ANDERE LECKEREIEN
FÜR DIE LUNCHBOX MACHEN JEDE VEGANISTA
AUCH IM BÜRO ODER AUF REISEN SATT UND GLÜCKLICH.

SAUER-SCHARFE SUPPE

----- MIT TOFU -----

EXOTISCH EINFACH!

250 g Zuckerschoten
1 daumengroßes Stück frischer Ingwer (nach Belieben mehr)
2 Bio-Limetten
1 1/2 TL vegane Currypaste (siehe Tipp)
9 EL Sojasauce
3 TL Reismalz (siehe S. 186 f.)
4 EL Ketchup
1 gelbe Paprikaschote
150 g frische Ananas
3 große Tomaten
1/2 Bund Koriander
300 g Tofu natur
1 TL Kokosöl
2 EL Reisessig (ersatzweise 1–2 EL milder Weißweinessig)

FÜR 4 PERSONEN
Zubereitungszeit: ca. 30 Min.
Pro Portion ca. 195 kcal, 12 g EW, 5 g F, 24 g KH

MEINE CURRYPASTENTIPPS

Bei Currypaste lohnt sich immer ein Blick auf die Zutatenliste: Sie enthält oft Garnelen oder Sardellen, ist also nicht vegan. Im gut sortierten Supermarkt, im Bioladen oder im Asia-Supermarkt werden aber auch Sorten ohne Fischzusatz angeboten. Mein Favorit aus dem Asia-Supermarkt: eine Mischung aus Chili, Thai-Basilikum und Knoblauch. Diese Mischung kann man leicht selbst herstellen: 2 Teile Chili (in Streifen geschnitten), 1 Teil Knoblauch (in Scheiben geschnitten) und 4 Teile Thai-Basilikum (grob gehackt) in ein kleines Schraubglas füllen, mit neutralem Öl aufgießen, fest verschließen und mindestens 1 Woche bei Raumtemperatur ziehen lassen.

1 In einem großen Topf 3 l Wasser aufkochen. Die Zuckerschoten waschen, putzen, schräg halbieren und in dem sprudelnd kochendem Wasser 1 Min. blanchieren. Die Schoten sofort mit einem Schaumlöffel herausnehmen, in einem Sieb unter kaltem Wasser abschrecken und abtropfen lassen.

2 Den Ingwer schälen und fein hacken. Die Limetten heiß abwaschen, trocken reiben, die Schale fein abreiben und den Saft auspressen. Ingwer und Limettenschale zusammen mit Currypaste, Sojasauce, Reismalz und Ketchup in das heiße Zuckerschoten-Kochwasser einrühren und ca. 15 Min. bei großer Hitze offen kochen, bis die Flüssigkeit um etwa ein Drittel reduziert ist.

3 Inzwischen die Paprika putzen, waschen und in feine Streifen schneiden. Die Ananas in kleine Würfel zerteilen. Die Tomaten waschen, halbieren, die Stielansätze entfernen und die Tomaten in Spalten schneiden. Den Koriander waschen, trocken schütteln und die Blättchen abzupfen.

4 Den Tofu in ca. 1 cm große Würfel schneiden und in einer Pfanne in 1 TL Kokosöl in ca. 4 Min. bei mittlerer Hitze rundherum knusprig anbraten.

5 Sobald der Tofu fertig ist, das vorbereitete Gemüse zur Suppe geben und den Topf sofort vom Herd nehmen. Die Suppe mit Reisessig und Limettensaft abschmecken. Kurz vor dem Servieren den Tofu hineingeben und den Koriander darüberstreuen.

IN MEINER HEIMATSTADT BERLIN GIBT'S AN JEDER ECKE FANTASTISCHES ASIA-FOOD.
DIESE SUPPE WIRD IN EINEM MEINER LIEBLINGSRESTAURANTS
SERVIERT – NACH EINIGEN KOCHEXPERIMENTEN JETZT AUCH BEI MIR ZU HAUSE.

KLEINE SUPPENLIEBE

KÜRBISSÜPPCHEN

MIT APFEL UND WALNUSS

FÜR DIE SUPPE
700 g Hokkaidokürbis
1 kleine Zwiebel
1 mehligkochende Kartoffel
1 Möhre
1 kleine Pastinake
1 walnussgroßes Stück frischer Ingwer
1 Zweig Rosmarin
1/2 frische Chilischote
2 TL neutrales Pflanzenöl
Salz
1 Lorbeerblatt
600 ml Kokosmilch
2 Msp. Kurkumapulver

FÜR DIE EINLAGE
1/2 Bio-Zitrone
2 große Äpfel
1 kleine Zwiebel
4 EL Walnusskerne
1 EL vegane Margarine (siehe S. 186 f.)
2 gestrichene TL Zucker

FÜR 4 PERSONEN
Zubereitungszeit: ca. 30 Min.
Pro Portion ca. 485 kcal, 7 g EW, 37 g F, 29 g KH

MEINE TAUSCHTIPPS

Diese Suppe schmeckt außerhalb der Kürbissaison auch genial mit Möhren, Sellerie oder Kartoffeln. Deftig wird sie mit einer Einlage aus knusprig gebratenen Räuchertofu- oder Tempehwürfeln.

1 Für die Suppe den Kürbis waschen, putzen, halbieren und die Kerne mit einem Löffel auskratzen. Das Fruchtfleisch mit Schale in ca. 2 cm große Würfel schneiden. Die Zwiebel schälen und vierteln. Kartoffel, Möhre und Pastinake schälen und in ähnlich große Stücke schneiden. Den Ingwer schälen und grob schneiden. Den Rosmarin waschen und die Nadeln abstreifen. Die Chili waschen, putzen, halbieren und (je nach gewünschter Schärfe) mit oder ohne Samen klein würfeln.

2 Das Öl in einem großen Topf erhitzen und die vorbereiteten Zutaten darin ca. 5 Min. bei mittlerer Hitze anschwitzen. Alles mit 1,25 l Wasser ablöschen, Salz und Lorbeerblatt zugeben und alles einmal aufkochen. Die Suppe ca. 20 Min. bei mittlerer Hitze mit geschlossenem Deckel köcheln lassen.

3 Inzwischen für die Einlage die Zitrone heiß abwaschen, trocknen, die Schale abreiben und den Saft auspressen. Die Äpfel waschen, vierteln, das Kerngehäuse entfernen und das Fruchtfleisch in ca. 1 cm große Würfel schneiden. Sofort mit 1 EL Zitronensaft beträufeln. Die Zwiebel schälen und fein würfeln. Die Walnusskerne grob hacken.

4 Die Margarine in einer Pfanne schmelzen und den Zucker darin bei mittlerer Hitze vorsichtig karamellisieren. Apfel- und Zwiebelwürfel sowie Walnüsse zugeben, ca. 1 Min. unter Rühren im Karamell anbraten, mit 2 EL Wasser ablöschen und kurz einkochen. Die Mischung beiseitestellen.

5 Kokosmilch und Kurkuma zur Suppe geben, das Lorbeerblatt entfernen, alles pürieren und nochmals mit Salz abschmecken. Mit der Apfel-Einlage servieren und die Zitronenschale darüberstreuen.

AUCH IN MEINER KÜRBISSUPPE DARF INGWER NICHT FEHLEN … BEI MIR BLEIBT ER ALLERDINGS NICHT ALLEIN: CHILI, APFEL & CO. SORGEN FÜR SÜSS-WÜRZIGE AROMEN IM SUPPENTOPF.

ROTE-BETE-LASAGNE

MIT ROSMARINCHAMPIGNONS

PERFEKTER MENÜ-AUFTAKT

500 g Spinat
400 g Champignons
1 Zwiebel
1 Zweig Rosmarin
200 g Rote Beten
6 EL Olivenöl
Salz
3 EL Hefeflocken (siehe S. 186 f.)
5 EL Sojamilch (siehe S. 186 f.)
1/2 TL Zitronensaft
schwarzer Pfeffer aus der Mühle
1 Prise frisch geriebene Muskatnuss

AUSSERDEM
Backpapier für das Blech

FÜR 2 PERSONEN
Zubereitungszeit: ca. 50 Min.
Pro Portion ca. 440 kcal, 19 g EW, 32 g F, 17 g KH

1 Den Spinat waschen, putzen, grobe Wurzeln und Stängel entfernen und die Blätter in einem Sieb abtropfen lassen. Die Champignons putzen, falls nötig trocken abreiben und vierteln. Die Zwiebel schälen und fein würfeln. Den Rosmarin waschen, trocken schütteln und die Nadeln fein hacken.

2 Den Backofen auf 170° vorheizen (Umluft auf 150° vorheizen). Die Roten Beten mit einer Gemüsebürste unter Wasser abbürsten und die Stielansätze entfernen. Die Roten Beten nur falls nötig schälen und mit einem Gemüsehobel in sehr dünne Scheiben (ca. 3 mm) schneiden.

3 Ein Backblech mit Backpapier belegen, die Rote-Bete-Scheiben darauf verteilen und mit 2 EL Olivenöl so beträufeln, dass möglichst alle Scheiben benetzt sind.

4 Die Scheiben leicht salzen und ca. 10 Min. im heißen Ofen (Mitte) backen. Danach den Ofen ausschalten und die Rote-Bete-Scheiben darin weitere 10 Min. garen. Dabei die Backofentür geschlossen halten.

5 Inzwischen die Hefeflocken mit Sojamilch und Zitronensaft verrühren, salzen und beiseitestellen.

6 2 EL Öl in einer Pfanne erhitzen und die Champignons darin ca. 3 Min. bei mittlerer Hitze anbraten. Die Hälfte der Zwiebelwürfel hinzugeben und in ca. 2 Min. glasig dünsten. Den Rosmarin unterrühren, die Mischung mit Salz und Pfeffer abschmecken und zum Warmhalten mit in den Ofen stellen.

7 Das übrige Öl in einer hohen Pfanne oder einem weiten Topf erhitzen und die restlichen Zwiebelwürfel darin in ca. 2 Min. bei mittlerer Hitze glasig dünsten. Den Spinat zugeben und unter Rühren in 2 Min. zusammenfallen lassen. Erst dann salzen, pfeffern und mit einer Prise Muskat würzen.

8 Auf zwei Tellern jeweils ein paar Scheiben Rote Bete zu einem handtellergroßen Kreis legen und mit etwas Hefesauce bestreichen. Je 1 EL Spinat daraufgeben, mit Roter Bete abdecken und mit Hefesauce bestreichen. So weiterverfahren, bis alle Zutaten aufgebraucht sind. Die Pilze dazu servieren.

LASAGNE MAL GANZ NUDELFREI, DAFÜR VOLLER KRÄUTER-AROMEN –
DAS MACHT SIE ZUM PERFEKTEN START IN EIN LUXUSDINNER ZU ZWEIT.

KRÄUTERFRISCH

BACKKARTOFFEL-SALAT

FÜR DEN SALAT
800 g kleine neue Kartoffeln (oder La-Ratte-Kartoffeln)
6 EL Olivenöl | Salz
200 g braune Champignons
1 rote Paprikaschote
1 Bund Schnittlauch
1/2 Bund Dill
1/2 Bund Oregano (ersatzweise Majoran)
1 Bund Rucola oder gemischte Wildkräuter (z. B. Löwenzahn, Giersch, Rapsblüten, Schafgarbe, Sauerampfer)
schwarzer Pfeffer aus der Mühle

FÜR DAS DRESSING
1 EL Olivenöl | 2 EL Limettensaft
1 EL Agavendicksaft (siehe S. 186 f.)
Salz

AUSSERDEM
Backpapier für das Blech

FÜR 4 PERSONEN
Zubereitungszeit: ca. 30 Min.
Pro Portion ca. 330 kcal, 7 g EW, 18 g F, 35 g KH

1 Den Backofen auf 225° vorheizen (Umluft 200° ohne Vorheizen). Die Kartoffeln mit einer Gemüsebürste unter Wasser abbürsten und mit Schale vierteln.

2 Die Kartoffelviertel in einer Schüssel mit 3 EL Öl und Salz gut vermischen, sodass alle Kartoffelstücke mit Öl benetzt sind. Die Kartoffeln auf einem mit Backpapier belegten Blech ca. 25 Min. im heißen Ofen (Mitte) garen.

3 Die Champignons putzen, falls nötig trocken abreiben und je nach Größe halbieren oder vierteln. Die übrigen 3 EL Olivenöl in einer Pfanne erhitzen, die Champignons darin ca. 4 Min. bei mittlerer Hitze anbraten und leicht salzen. Die Paprika putzen, waschen und in mundgerechte Stücke schneiden. Die Kräuter waschen, trocken schütteln, die Blättchen abzupfen, hacken und mit Paprika und Pilzen in eine Salatschüssel geben. Den Rucola oder die Wildkräuter verlesen, waschen und trocken schleudern.

4 Für das Dressing Öl, Limettensaft und Agavendicksaft verquirlen und gut salzen.

5 Die Kartoffeln aus dem Ofen nehmen, sobald sie außen gebräunt und innen gar sind, und kurz abkühlen lassen. Zu den restlichen Zutaten in die Salatschüssel geben und alles gut mit dem Dressing mischen. Den Salat mit Salz und Pfeffer abschmecken und auf einem Bett aus Rucola oder Wildkräutern servieren.

MEIN KRÄUTERTIPP

Wildkräuter findet man (noch) sehr selten im Handel. Am besten stehen die Chancen, in den Genuss der köstlichen, oft leicht herben Pflanzen zu kommen, wohl auf dem Bio-Wochenmarkt. Ich sammle meine Kräuter oft selbst. Achten Sie darauf, Wiesen abseits der großen Straßen für Ihren Streifzug zu nutzen, und nehmen Sie nur die Pflanzen mit, die Sie wirklich kennen. Ich empfehle Ihnen, vor dem ersten Sammeln eine geführte Wildkräuter-Exkursion mitzumachen.

FRÜHSOMMER: JETZT GIBT'S DIE ERSTEN NEUEN KARTOFFELN UND VIELE, VIELE FRISCHE KRÄUTER AUF DEM MARKT. DIE KOMMEN GERADE RECHT FÜR DIESEN WUNDERBAR WÜRZIGEN SALAT!

SPARGELSALAT

À LA VEGANISTA

FRUCHTIG UND CREMIG ZUGLEICH: DIESER SALAT KOMMT IN DER SPARGELSAISON STETS UND STÄNDIG AUF MEINEN TISCH.

1/2 Bund Schnittlauch
1/2 Bund Dill
1 Orange
1 TL Apfelessig (oder Weißweinessig)
1 TL weißes Mandelmus (siehe S. 186 f.)
1 EL Hefeflocken (siehe S. 186 f.)
Salz | schwarzer Pfeffer aus der Mühle
1 kg weißer Spargel

FÜR 2 PERSONEN
Zubereitungszeit: ca. 20 Min.
Pro Portion ca. 125 kcal, 11 g EW, 3 g F, 14 g KH

1 Die Kräuter waschen und trocken schütteln. Den Schnittlauch in Röllchen schneiden, den Dill hacken. Die Orange auspressen und den Saft mit Essig, Mandelmus, Hefeflocken und Kräutern verrühren. Das Dressing salzen und pfeffern.

2 Den Spargel schälen und die holzigen Enden entfernen. Einen Topf mit reichlich Salzwasser zum Kochen bringen. Den Spargel schräg in ca. 3 cm lange Stücke schneiden und im sprudelnd kochenden Wasser ca. 4 Min. garen.

3 Den Spargel in ein Sieb abgießen und etwas abtropfen lassen. In eine Salatschüssel geben, mit dem Dressing mischen und ca. 5 Min. durchziehen lassen. Den Salat noch lauwarm servieren.

MEINE TAUSCHTIPPS

Dieses Dressing schmeckt so lecker, dass es schade wäre, es nur in der Spargelsaison zu verwenden. Ersetzen Sie den Spargel doch einmal durch Schwarzwurzeln, Pastinaken, Blumenkohl oder Kohlrabi!

TOMATEN-BROT-SALAT

DIESER SALAT SCHMECKT WUNDERBAR FRUCHTIG UND FRISCH. ER LÄSST SICH GUT VORBEREITEN. GEBEN SIE ABER DIE BROTWÜRFEL IMMER ERST KURZ VOR DEM SERVIEREN DAZU.

1 Die Tomaten waschen und halbieren, die Stielansätze nach Belieben entfernen. Den Lauch putzen, der Länge nach aufschneiden, gründlich waschen und in feine Ringe schneiden. Tomaten und Lauch in einer Salatschüssel mischen. Den Knoblauch schälen und durch die Presse dazugeben.

2 Die Zutaten für das Dressing gut verrühren, mit Salz und Pfeffer abschmecken und zum Salat geben. Alles gut mischen. Den Salat ca. 20 Min. im Kühlschrank durchziehen lassen.

3 Inzwischen das Brot mit Rinde in ca. 2 cm große Würfel schneiden. Das Olivenöl in einer Pfanne erhitzen und die Brotwürfel darin in ca. 5 Min. bei mittlerer Hitze goldbraun anrösten. Die Würfel auf Küchenpapier entfetten und etwas abkühlen lassen.

4 Kurz vor dem Servieren das Basilikum waschen und trocken schütteln, die Blättchen abzupfen, in feine Streifen schneiden und zusammen mit den Brotwürfeln unter den Salat heben.

FÜR DEN SALAT

300 g Kirsch-Strauchtomaten
1/2 Stange Lauch
1 Knoblauchzehe
150 g Graubrot
6 EL Olivenöl
5 Stängel Basilikum

FÜR DAS DRESSING

1 EL Olivenöl
1 EL Weißweinessig
1 Prise Zucker
Salz | schwarzer Pfeffer aus der Mühle

FÜR 2 PERSONEN

Zubereitungszeit: ca. 30 Min.
Pro Portion ca. 510 kcal, 7 g EW, 36 g F, 38 g KH

FENCHELSALAT

MIT ORANGENDRESSING

DIESER SALAT SCHMECKT SOGAR MENSCHEN, DIE EIGENTLICH KEINEN FENCHEL MÖGEN. ER IST EINE WAHRE VITAMIN-BOMBE UND SCHNELL GEMACHT.

KNACKIG-FRISCH

FÜR DEN SALAT
1 Fenchelknolle
1 rote Paprikaschote
3 Möhren
Salz

FÜR DAS DRESSING
1 Orange
1 EL Olivenöl
1 EL Weißweinessig
Salz
schwarzer Pfeffer aus der Mühle

FÜR 4 PERSONEN
Zubereitungszeit: ca. 10 Min.
Durchziehzeit: ca. 15 Min.
Pro Portion ca. 65 kcal, 2 g EW, 3 g F, 7 g KH

1 Den Fenchel waschen, putzen, halbieren und den Strunk entfernen. Dann den Fenchel nochmals halbieren und in feine Streifen schneiden. Die Paprika putzen, waschen und in kleine Würfel schneiden. Die Möhren putzen, schälen oder mit einer Gemüsebürste unter Wasser gründlich abbürsten und grob raspeln.

2 Fenchel, Paprika und Möhren in einer Schüssel mit etwas Salz vermischen und ca. 15 Min. ziehen lassen.

3 Für das Dressing die Orange auspressen. Den Saft mit Öl und Essig gut verquirlen, mit Salz und Pfeffer abschmecken und mit dem Salat vermengen.

MEINE TAUSCHTIPPS

Auch dieses Rezept lädt dazu ein, mit den Zutaten zu spielen. Probieren Sie statt der Möhren doch einmal Pastinaken, oder verwenden Sie hauchdünn geschnittenen Weißkohl!

ROTE-BETE-SALAT

MIT ZITRONENDRESSING

ROTE BETE MUSS NICHT IMMER
GEKOCHT SERVIERT WERDEN.
SIE SCHMECKT AUCH ROH SEHR GUT!

1 Die Roten Beten mit einer Gemüsebürste unter Wasser gründlich abbürsten, den Stielansatz entfernen, die Knollen nur falls nötig schälen und dann sehr fein würfeln.

2 Für das Dressing die Zitrone heiß abwaschen, trocknen, die Schale fein abreiben und den Saft auspressen. Saft und Schale mit Olivenöl und Agavendicksaft verquirlen, salzen und pfeffern.

3 Den Salat mit dem Dressing mischen und mindestens 1 Std., am besten aber über Nacht durchziehen lassen.

4 Kurz vor dem Servieren die Kräuter waschen, trocken schütteln, die Blättchen bzw. Nadeln abzupfen und hacken. Die Kräuter unter den Rote-Bete-Salat heben und alles gut mischen.

MEIN TAUSCHTIPP

Der Salat lässt sich natürlich auch mit vorgekochten Roten Beten (Vakuumpackung) zubereiten. Roh sind die Roten Beten aber einfach knackiger.

FÜR DEN SALAT
3 mittelgroße Rote Beten
1 Handvoll gemischte Kräuter (z. B. Zitronenthymian, Rosmarin, Petersilie, Oregano oder Salbei; ersatzweise etwas getrockneter Rosmarin)

FÜR DAS DRESSING
1 Bio-Zitrone
2 EL Olivenöl
1 EL Agavendicksaft (siehe S. 186 f.)
Salz | schwarzer Pfeffer aus der Mühle

FÜR 4 PERSONEN
Zubereitungszeit: ca. 10 Min.
Ruhezeit: mind. 1 Std.
Pro Portion ca. 100 kcal, 2 g EW, 5 g F, 11 g KH

MEDITERRANER NUDELSALAT

MIT ANTIPASTI

FÜR DAS GEMÜSE
2 kleine Zucchini
1 rote Paprikaschote | 1 gelbe Paprikaschote
1/2 Fenchelknolle
3 Lorbeerblätter | Salz
2 1/2 EL Olivenöl

FÜR DAS DRESSING
2 Bio-Limetten
2 1/2 EL Olivenöl | 2 EL Weißweinessig
2 EL Agavendicksaft (siehe S. 186 f.)
2 Knoblauchzehen
Salz | schwarzer Pfeffer aus der Mühle

FÜR DAS PESTO
150 g getrocknete Tomaten
3 EL ungeschälte Hanfsamen (siehe S. 186 f.)
240 ml Olivenöl | Salz

AUSSERDEM
Backpapier für das Blech
300 g Spaghetti | 2 Bund Rucola

FÜR 4 PERSONEN
Zubereitungszeit: ca. 45 Min.
Pro Portion ca. 1070 kcal, 15 g EW, 79 g F, 69 g KH

1 Den Backofen auf 200° vorheizen (Umluft auf 180° vorheizen). Ein Blech mit Backpapier belegen. Für die Antipasti das Gemüse waschen. Die Zucchini putzen und in ca. 1 cm dicke Scheiben schneiden. Paprika und Fenchel putzen und in mundgerechte Stücke zerteilen.

2 Alles mit den Lorbeerblättern auf dem Blech verteilen, salzen und mit dem Olivenöl beträufeln. Das Gemüse mit den Händen durchmischen, um Salz und Öl gut zu verteilen, und im heißen Ofen (oben) ca. 15 Min. backen. In den letzten 5 Min. die Grillfunktion zuschalten.

3 Inzwischen für das Dressing die Limetten heiß abwaschen, trocknen, die Schale fein abreiben und den Saft auspressen. Saft und Schale in einer großen Salatschüssel mit Öl, Essig und Agavendicksaft verquirlen. Den Knoblauch schälen und dazupressen und das Dressing salzen und pfeffern. Das Gemüse aus dem Ofen nehmen und heiß zu dem Dressing geben. Alles gut vermischen.

4 Die Spaghetti nach Packungsanweisung in reichlich Salzwasser gar kochen.

5 Inzwischen für das Pesto die getrockneten Tomaten ca. 5 Min. in heißem Wasser einweichen. Das Wasser abgießen und die Tomaten zusammen mit den Hanfsamen, dem Olivenöl und 1 TL Salz im Mixer oder in einem hohen Rührbecher mit dem Pürierstab pürieren.

6 Die Nudeln abgießen und das Kochwasser auffangen. 100 ml abmessen. Die Nudeln sofort zu dem marinierten Gemüse geben. Das abgemessene Kochwasser unter das Pesto mixen und die Mischung über den Nudeln verteilen. Den Salat unterheben und kurz durchziehen lassen. Inzwischen den Rucola verlesen, waschen, trocken schleudern und den Nudelsalat damit dekorieren.

MEIN TAUSCHTIPP

Sie finden keine Hanfsamen? Dann verwenden Sie für das Pesto einfach Walnuss- oder Pinienkerne.

ERSTAUNLICHE KLEINE KRAFTPAKETE, DIESE HANFSAMEN: SIE STECKEN VOLLER PROTEINE PLUS VITAMIN B_1 UND B_2 UND ENTHALTEN ALLE ACHT VERWERTBAREN AMINOSÄUREN. ECHT STARK!

JAPAN TRIFFT ITALIEN

SOBANUDELSALAT

MIT GEFÜLLTEN TOMATEN

FÜR DIE GEFÜLLTEN TOMATEN
12 Kirsch-Strauchtomaten
Salz | 1 reife Avocado
Saft von 1/2 Zitrone
schwarzer Pfeffer aus der Mühle

FÜR DEN SALAT
250 g Sobanudeln (siehe Tipp)
2 rote Paprikaschoten
1 kleine Zwiebel (oder 1 Schalotte)
100 g Räuchertofu
2 Orangen
40 g Brunnenkresse
(oder 1 Kästchen Kresse)
2 EL Sprossen (z. B. Mungobohnen-, Rote-Bete- oder Erbsensprossen)

FÜR DAS DRESSING
2 kleine Orangen
1 EL Agavendicksaft (siehe S. 186 f.)
2 EL Sojasauce
2 EL kalt gepresstes Öl (z. B. Leinöl, Walnussöl)
1 EL Apfelessig
Salz | schwarzer Pfeffer aus der Mühle

FÜR 4 PERSONEN
Zubereitungszeit: ca. 35 Min.
Pro Portion ca. 555 kcal, 18 g EW, 23 g F, 65 g KH

1 Für die gefüllten Tomaten die Tomaten waschen, einen Deckel abschneiden und die Samen mit einem Teelöffel entfernen. Die Tomaten auf einen Teller setzen und innen salzen. Die Avocado halbieren, das Fruchtfleisch mit einem Löffel aus der Schale lösen und mit dem Zitronensaft beträufeln. Das Avocadofruchtfleisch mit einer Gabel zerdrücken, salzen, pfeffern und die Masse in die Tomaten füllen. Schwarzen Pfeffer darübermahlen und die Tomatendeckel wieder aufsetzen.

2 Für den Salat die Buchweizennudeln nach Packungsanweisung kochen, abgießen und kalt abschrecken. Die Paprika putzen, waschen und in kleine Würfel schneiden. Die Zwiebel oder Schalotte schälen und fein würfeln. Den Tofu klein würfeln.

3 Die Orangen bis ins Fruchtfleisch schälen und die Fruchtfilets zwischen den Häutchen herausschneiden. Saft dabei auffangen und mit den Filets und den Paprika-, Zwiebel- und Tofuwürfeln zu den Nudeln geben.

4 Die Brunnenkresse verlesen, waschen und trocken schütteln (normale Kresse vom Beet schneiden). Die Sprossen in einem Sieb gründlich mit kaltem Wasser abbrausen und abtropfen lassen.

5 Für das Dressing die Orangen auspressen. Den Saft mit allen übrigen Zutaten verquirlen und das Dressing mit Salz und Pfeffer abschmecken.

6 Das Dressing zum Salat geben und alles gut vermischen. Zuletzt die Kresse und die Sprossen kurz unterheben. Den Salat zu den gefüllten Tomaten servieren.

MEIN TAUSCHTIPP

Sobanudeln finden Sie in gut sortierten Bio- oder in Asienläden. Sie schmecken besonders nussig und sind schnell gar. Falls Sie keine finden können, bereiten Sie den Salat einfach mit Spaghetti zu.

CROSSOVER-KÜCHE À LA VEGANISTA: MIT DER KOMBINATION AUS JAPANISCHEN BUCHWEIZENNUDELN UND MEDITERRAN GEFÜLLTEN MINITOMATEN KANN MAN EBEN MAL EINE WELTREISE MACHEN!

»GYROS«-WRAPS

MIT MILDER PAPRIKASALSA

FÜR DIE FÜLLUNG
1 mittelgroße Kartoffel (ca. 150 g)
Salz
200 g Shiitakepilze
6 EL Olivenöl
2 TL Grill-Gewürzmischung (siehe Tipp S. 104)
Salz

FÜR DIE PAPRIKA-SALSA
2 rote Paprikaschoten
1 EL Olivenöl
1 Frühlingszwiebel
1 Bio-Zitrone
Salz
schwarzer Pfeffer aus der Mühle

AUSSERDEM
Alufolie
50 g Salat (z. B. Romanasalat, Kopfsalat)
2 große Weizentortilla-Fladen
2 EL vegane Mayonnaise (siehe Tipp S. 64)

FÜR 2 PERSONEN
Zubereitungszeit: ca. 30 Min.
Pro Portion ca. 640 kcal, 11 g EW, 42 g F, 53 g KH

1 Für die Füllung die Kartoffel schälen und längs in 4–6 Scheiben schneiden. Die Scheiben in Salzwasser in ca. 8 Min. gar kochen, abgießen und abtropfen lassen.

2 Inzwischen die Pilze putzen, falls nötig trocken abreiben und die Stiele entfernen. Die Pilzkappen in Streifen schneiden. Das Öl in einer Pfanne erhitzen und die Pilze darin mit dem Grillgewürz 4–5 Min. bei mittlerer Hitze anbraten, dabei zwischendurch umrühren. Die fertigen Pilze salzen und beiseitestellen.

3 Inzwischen für die Paprika-Salsa den Backofen auf höchster Stufe vorheizen. Die Paprika putzen, waschen und vierteln und mit 1 EL Olivenöl bepinseln. Mit der Hautseite nach oben auf ein mit Alufolie belegtes Backblech setzen, falls möglich die Grillfunktion zuschalten und die Paprika im heißen Ofen (oben) 5–6 Min. backen, bis ihre Haut schwarz wird. Sofort herausnehmen, in ein Gefäß mit Deckel geben (Plastikbox oder kleiner Topf) und ca. 5 Min. abkühlen lassen.

4 Die Frühlingszwiebel putzen, waschen und in feine Ringe schneiden. Die Zitrone heiß abwaschen, trocknen, die Schale abreiben und den Saft auspressen. Die Paprika häuten und grob hacken. Mit Frühlingszwiebelringen, Zitronensaft und -schale mischen und mit Salz und Pfeffer abschmecken.

5 Den Salat verlesen, waschen, trocken schleudern und klein zupfen. Die Tortillas mit jeweils 1 EL Mayonnaise bestreichen, die Kartoffelscheiben im unteren Drittel der Fladen verteilen und die Salsa, die Pilze und zum Schluss den Salat darübergeben. Die Seitenränder einklappen und die Tortillas fest aufrollen.

MEIN GENUSSTIPP

Der Wrap kann kalt gegessen werden. Wer ihn erwärmen möchte, sollte den Salat weglassen und den Wrap im Ofen ca. 5 Min. bei 200° (Umluft 180°) erhitzen.

DEN GANZEN TAG ON TOUR UND HEISSHUNGER AUF VEGANES FASTFOOD? DIESE WRAPS LASSEN SICH WUNDERBAR ZUM MITNEHMEN VORBEREITEN.

SANDWICH »HAWAII«

GEBRATENE ANANAS IST EINES DER DELIKATESTEN DINGE, DIE ICH JEMALS GEGESSEN HABE.

80 g frische Ananas
2 EL Olivenöl
4 dicke Scheiben Graubrot
2 TL vegane Mayonnaise (siehe Tipp S. 64)
2 TL Senf
1 reife Avocado
2 EL Zitronensaft
Salz | schwarzer Pfeffer aus der Mühle
10 Scheiben veganer Aufschnitt (siehe Rezept Seite 38) oder Räuchertofu

FÜR 2 PERSONEN

Zubereitungszeit: ca. 15 Min.
Pro Portion ca. 710 kcal, 26 g EW, 43 g F, 53 g KH

1 Die Ananas in sechs dünne Scheiben schneiden. Das Öl in einer Pfanne erhitzen und die Ananasscheiben nacheinander bei mittlerer Hitze von jeder Seite ca. 1 Min. anbraten.

2 Zwei Scheiben Brot mit Mayonnaise und Senf bestreichen. Die Avocado halbieren und das Fruchtfleisch mit einem Teelöffel herauslösen (oder schälen und in Scheiben schneiden). Das Avocadofruchtfleisch mit dem Zitronensaft beträufeln und mit Salz und Pfeffer würzen.

3 Die gebratene Ananas und den Aufschnitt auf den mit Mayonnaise und Senf bestrichenen Brotscheiben verteilen, das Avocadofruchtfleisch daraufgeben und die Sandwiches mit den übrigen Brotscheiben abdecken.

MEINE TAUSCHTIPPS

Kein veganer Aufschnitt zur Hand? Macht nichts, denn das Sandwich wird auch mit gebratenem Tempeh oder Räuchertofu richtig lecker. Wer mag, peppt es außerdem mit frischen Paprikastreifen auf.

CASHEW-»RICOTTA«

BESONDERS GUT SCHMECKT MIR DER RICOTTA MIT BUNTEM GEMÜSE, IN STICKS GESCHNITTEN, ZUM DIPPEN. EIN TOLLER SNACK ZUM MITNEHMEN!

1 Die Cashewkerne und Mandeln zugedeckt 8 Std. (oder über Nacht) in Wasser einweichen.

2 Am nächsten Tag die Nüsse abgießen, mit kaltem Wasser überbrausen, mit dem Limettensaft, 100 ml Wasser, 1 TL Salz und Hefeflocken in eine Küchenmaschine oder einen Mixer geben und alles sehr fein pürieren. Falls Sie keinen Mixer mit Stößel besitzen, der die Masse beim Pürieren immer wieder zum Messer drückt, schalten Sie die Maschine zwischendurch am besten immer wieder aus, um die Creme vom Gefäßrand zu lösen. Notfalls noch etwas Wasser zugeben – aber nicht zu viel; der Dip wird sonst zu flüssig! Die Konsistenz soll an cremigen Quark erinnern.

3 Den Cashew-»Ricotta« noch einmal mit Salz und Pfeffer abschmecken.

MEINE PRAXISTIPPS

Die Mengen für diesen Dip sind großzügig gewählt. Er hält sich mehrere Wochen im Kühlschrank und wird im Laufe der Zeit immer würziger. Abwandeln lässt er sich beispielsweise mit frischen Kräutern, Kala Namak (siehe S. 186 f.) oder edelsüßem Paprikapulver.

FÜR DEN »RICOTTA«

400 g Cashewnusskerne
200 g blanchierte Mandeln
(ersatzweise Mandelstifte oder -blättchen)
4 EL Limettensaft | Salz
2 EL Hefeflocken (siehe S. 186 f.)
schwarzer Pfeffer aus der Mühle

FÜR 4 PERSONEN

Zubereitungszeit: ca. 30 Min.
Einweichzeit: ca. 8 Std.
Pro Portion ca. 885 kcal, 29 g EW, 70 g F, 35 g KH

KRÄUTERBUTTER

VEGANISIERT

EINE GUTE KRÄUTERBUTTER BRAUCHT KEINE BUTTER. GUTE MARGARINE HARMONIERT MINDESTENS GENAUSO GUT MIT FRISCHEN KRÄUTERN.

250 g weiche vegane Margarine (siehe S. 186 f.)
1 Bund Dill
1 Bund Schnittlauch
1 Bund Petersilie
3 Stängel Oregano (ersatzweise Majoran)
1 Zweig Rosmarin
1 Knoblauchzehe
1 Prise Cayennepfeffer
Salz | schwarzer Pfeffer aus der Mühle

FÜR CA. 14 PORTIONEN À 25 G
Zubereitungszeit: ca. 15 Min.
Kühlzeit: mind. 1 Std.
Pro Portion ca. 130 kcal, 0 g EW, 14 g F, 1 g KH

PERFEKT ZUM GRILLEN!

1 Die weiche Margarine in eine Schüssel geben. Die Kräuter waschen, trocken schütteln, die Blättchen bzw. Nadeln abzupfen und sehr fein hacken.

2 Den Knoblauch schälen und durch die Presse zur Margarine geben. Kräuter, Cayennepfeffer, Salz und Pfeffer gründlich unterrühren.

3 Die Kräuter»butter« in ein verschließbares Gefäß streichen und vor der Verwendung mindestens 1 Std. im Kühlschrank fest werden lassen.

MEINE GENUSSTIPPS

Die Kräuter»butter« eignet sich perfekt zu gegrilltem Gemüse oder frischem Brot. Reste können Sie problemlos in Eiswürfelformen einfrieren: Ich verwende sie zum Verfeinern von Saucen, als würziges Topping für Gemüse und für Kartoffelpüree.

ARTISCHOCKEN-CREME

DIESER SCHNELLE DIP LÄSST SICH MIT UNTERSCHIEDLICHEN KRÄUTERN IMMER WIEDER NEU ABWANDELN.

1 Die Artischockenböden in einem Sieb abtropfen lassen. In einem hohen Gefäß die Artischockenböden zusammen mit Zitronensaft, Olivenöl, Senf und Agavendicksaft glatt pürieren.

2 Den Rosmarin waschen, trocken schütteln, die Nadeln abzupfen und fein hacken. Die Frühlingszwiebeln putzen, waschen und sehr fein würfeln.

3 Den Rosmarin und die Frühlingszwiebeln zur Artischockenmischung geben und die Creme mit Salz und Pfeffer abschmecken.

MEIN GENUSSTIPP

Die Artischockencreme passt als Dip auf jede Antipastiplatte. Sie schmeckt zu gegrilltem Gemüse, zu Burgern (siehe S. 124) und zu gebratenem Seitan. Ich esse sie außerdem gerne auf geröstetem Weißbrot – am liebsten mit klein gewürfelten getrockneten Tomaten bestreut.

1 Dose Artischockenböden (Abtropfgewicht 210 g)
1 TL Zitronensaft
3 EL Olivenöl
2 TL Senf
1–2 TL Agavendicksaft (siehe S. 186 f.)
2 Frühlingszwiebeln
1 Zweig Rosmarin
Salz | schwarzer Pfeffer aus der Mühle

FÜR 5 PORTIONEN À 50 G
Zubereitungszeit: ca. 10 Min.
Pro Portion ca. 70 kcal, 1 g EW, 6 g F, 2 g KH

IDEAL FÜRS PICKNICK

BUCHWEIZENPFANNKUCHEN

MIT LINSEN-AIOLI-FÜLLUNG

FÜR DIE PFANNKUCHEN
150 g Buchweizenmehl
300 ml kaltes Mineralwasser
1 TL Backpulver
1 TL Sojamehl (siehe S. 186 f.)
1 EL Pflanzenöl
1 Prise Salz

FÜR DIE AIOLI
5 EL vegane Mayonnaise (siehe Tipp)
1 Spritzer Agavendicksaft (siehe S. 186 f.)
1–2 Knoblauchzehen (nach Geschmack)

FÜR DIE LINSENFÜLLUNG
150 g Belugalinsen (ersatzweise Berglinsen)
1/2 Bund Petersilie | 1 Zweig Rosmarin
Saft von 1/2 Zitrone
1 TL Weißweinessig
1 EL Olivenöl
Salz | schwarzer Pfeffer aus der Mühle
1 rote Paprikaschote

AUSSERDEM
Kokosöl zum Braten

FÜR 4 PERSONEN
Zubereitungszeit: ca. 1 Std.
Pro Portion ca. 420 kcal, 14 g EW, 18 g F, 49 g KH

1 Die Zutaten für die Pfannkuchen verrühren und ca. 45 Min. kühl stellen. Inzwischen für die Aioli Mayonnaise und Agavendicksaft verrühren. Knoblauch schälen, dazupressen und unterrühren. Die Aioli kühl stellen.

2 Für die Linsenfüllung die Linsen in reichlich Wasser in ca. 25 Min. auf kleinster Hitze gar kochen. Inzwischen die Kräuter waschen, trocken schütteln und die Blättchen bzw. Nadeln abzupfen. Ein paar Petersilienblättchen beiseitelegen, den Rest der Kräuter grob hacken. Die Linsen abgießen und kurz abkühlen lassen. Die Hälfte der Linsen mit gehackten Kräutern, Zitronensaft, Essig und Öl mit dem Pürierstab pürieren. Die Creme mit Salz und Pfeffer abschmecken. Die Paprika putzen, waschen und in feine Streifen schneiden.

3 Eine Pfanne erhitzen und 1/2 TL Kokosöl hineingeben. Eine Kelle Pfannkuchenteig hineingeben und bei mittlerer Hitze in ca. 2 Min. pro Seite einen dünnen Pfannkuchen backen. Den Rest des Teigs ebenso verbrauchen. Die Pfannkuchen kurz abkühlen lassen, mit Linsencreme, übrigen Linsen, Aioli, Paprikastreifen und Petersilienblättchen füllen und aufrollen.

MEIN SELBERMACHTIPP

Mayonnaise ohne Ei? Kein Problem! Für ca. 500 g Mayonnaise 100 ml zimmerwarme Sojamilch und 1 EL Gewürzgurkensud, Weißweinessig oder Zitronensaft in einen Mixer geben. 2–3 Min. stehen lassen, bis die Sojamilch gerinnt. 1/2 TL Guarkernmehl (Bioladen) zugeben und alles auf hoher Stufe durchmixen. Ca. 200–300 ml Pflanzenöl (Raps- oder Sonnenblumenöl) in dünnem Strahl hinzufügen und so lange mixen, bis die Masse fest wird. Zum Schluss mit Salz abschmecken. Die Mayonnaise hält sich fest verschlossen im Kühlschrank etliche Tage.

RAFFINIERT GEFÜLLT UND ÜBERALL EINSETZBAR: OB IN MEINEM PICKNICKKORB ODER AUF DEM PARTYBÜFETT, DIESE PFANNKUCHEN SIND DER HIT!

LINSENEINTOPF

NACH HAUSFRAUENART

DEFTIGE WINTERKÜCHE

350 g braune Linsen (oder Berglinsen)
2,5 l Gemüsebrühe
1 große Zwiebel
250 g (vorwiegend) festkochende Kartoffeln
250 g Möhren
150 g Knollensellerie
200 g Räuchertofu
4 EL neutrales Pflanzenöl
1 EL Tomatenmark
1 EL Weizenmehl
1/2 TL getrockneter Thymian
1/2 TL getrockneter Rosmarin
1 TL Senf
3 EL Agavendicksaft (oder Reismalz; siehe S. 186 f.)
3 EL Sojasauce | 1 Prise Zimtpulver
5 EL Weißweinessig (oder Kräuteressig, siehe Tipp)
Salz | schwarzer Pfeffer aus der Mühle
1 gestrichener TL Rauchsalz (siehe S. 186 f., nach Belieben)

FÜR 4 PERSONEN
Zubereitungszeit: ca. 20 Min.
Garzeit: ca. 20 Min.
Pro Portion ca. 595 kcal, 35 g EW, 17 g F, 80 g KH

1 Die Linsen mit der Brühe aufkochen und ca. 15 Min. kochen. Die Linsen durch ein Sieb abgießen und die Brühe auffangen.

2 Inzwischen die Zwiebel schälen und fein würfeln. Kartoffeln, Möhren und Sellerie putzen, schälen und in ca. 1 cm kleine Würfel schneiden. Den Räuchertofu ebenfalls in Würfel dieser Größe schneiden.

3 Das Öl in einem weiteren Topf erhitzen und den Räuchertofu bei mittlerer Hitze ca. 3 Min. anbraten. Die Zwiebelwürfel hinzugeben und in ca. 1 Min. glasig dünsten.

4 Anschließend das Tomatenmark hinzufügen und 2–3 Min. mitbraten. Das Mehl über die Mischung stäuben und 1 weitere Min. unter Rühren anschwitzen.

5 Alles mit der aufgefangenen Brühe ablöschen. Linsen, Gemüsewürfel, Kräuter, Senf, Agavendicksaft und Sojasauce hinzugeben. Die Suppe aufkochen und ca. 20 Min. bei kleiner Hitze köcheln lassen.

6 Die fertige Suppe mit Zimt, Essig, Salz und Pfeffer und nach Belieben Rauchsalz würzen.

MEIN SELBERMACHTIPP

Ich benutze für den Eintopf oft Kräuteressig, den ich selbst herstelle: Dazu einfach 1 l Weißweinessig mit 1/2 Bund Rosmarin (geeignet sind auch Thymian, Estragon, Salbei, Oregano) in einem Edelstahltopf erwärmen (nicht kochen). Kurz vor dem Siedepunkt vom Herd ziehen und 30 Min. stehen lassen. Abseihen und zusammen mit einigen frischen Kräuterzweigen in eine Flasche füllen. Gut verschließen.

RÄUCHERTOFU IST DER SPECK DER VEGANISTA: ER MACHT DIESEN LINSENEINTOPF SCHÖN DEFTIG – UND DAS GANZ OHNE ABSTRICHE!

DER PARTY-KLASSIKER!

CHILI SIN CARNE

400 g Tofu natur
1 große Zwiebel
1 kg (vorwiegend) festkochende Kartoffeln
1 rote Paprikaschote
1 frische rote Chilischote
6 EL neutrales Pflanzenöl
30 ml Sojasauce
1/2 TL gemahlene Bockshornkleesamen (Bioladen, Gewürzregal)
3 TL Grill-Gewürzmischung (siehe Tipp S. 104)
5 EL Tomatenmark
3 Dosen stückige Tomaten (à 400 g)
300 ml Gemüsebrühe
Salz
4 EL Weißweinessig
1 Dose Kidneybohnen (Abtropfgewicht ca. 240 g)
20 g Bitterschokolade (Kakaoanteil mind. 80 %)
1 Prise Zimtpulver
Cayennepfeffer (nach Belieben)

FÜR 4 PERSONEN
Zubereitungszeit: ca. 40 Min.
Garzeit: ca. 55 Min.
Pro Portion ca. 560 kcal, 23 g EW, 23 g F, 62 g KH

1 Den Tofu zwischen den Händen etwas ausdrücken und mit einer Gabel oder zwischen den Fingern zerbröseln. Die Zwiebel schälen und fein würfeln. Die Kartoffeln schälen und in ca. 2 cm große Würfel schneiden. Die Paprika putzen, waschen und in mundgerechte Stücke schneiden. Die Chilischote waschen, putzen, halbieren und (je nach gewünschter Schärfe) mit oder ohne Samen fein würfeln.

2 5 EL Öl in einer Pfanne erhitzen und die Tofumasse bei großer Hitze ca. 5 Min. scharf anbraten, bis sie deutlich Farbe bekommt und knusprig wird. Dann mit der Sojasauce ablöschen und ca. 2 Min. unter Rühren weiterbraten. Die Pfanne vom Herd nehmen.

3 In einem weiten Topf 1 EL Öl erhitzen. Bockshornklee, Grillgewürz sowie Tomatenmark hinzugeben und alles bei hoher Hitze unter Rühren ca. 2 Min. bräunlich anrösten. Die Hitze reduzieren, die Zwiebelwürfel hinzufügen und in ca. 2 Min. glasig dünsten. Unter Rühren stückige Tomaten, Kartoffelwürfel, Chili und Brühe hinzufügen, mit Salz und Weißweinessig würzen und alles einmal aufkochen. Das Chili zugedeckt ca. 45 Min. bei kleiner Hitze köcheln lassen.

4 Die Kidneybohnen in ein Sieb geben, mit kaltem Wasser abbrausen und abtropfen lassen. Die Schokolade klein hacken. Bohnen und Schokolade mit Tofu, Zimt und Paprikawürfeln zum Chili geben und alles weitere 10 Min. bei kleiner Hitze köcheln lassen. Zum Schluss mit Salz und nach Belieben Cayennepfeffer abschmecken und mit Brot servieren.

MEIN GENUSSTIPP

Sie können das Chili wunderbar auch schon am Vortag vorbereiten, denn es wird mit jedem Aufwärmen besser. Und dann probieren Sie doch zum Spaß einfach mal aus, ob es als fleischlos erkannt wird!

DIESER PARTYKLASSIKER WIRD AUCH LEIDENSCHAFTLICHE FLEISCHESSER ÜBERZEUGEN.

VEGA-
NISIERTES
FAMILIEN-
REZEPT

SOLJANKA

MIT WÜRSTCHEN

250 g (vorwiegend) festkochende Kartoffeln
1 Zwiebel
4 Tofu-Kochwürstchen
2 EL neutrales Pflanzenöl
2 EL Tomatenmark
4 TL Sojasauce
1 l Gemüsebrühe
2 rote, grüne oder gelbe Paprikaschoten
3 Gewürzgurken
1 Knoblauchzehe
1 EL Agavendicksaft (siehe S. 186 f.)
1/2 TL Cayennepfeffer
3 EL Gurkensud (von den Gewürzgurken)
Salz

FÜR 4 PERSONEN
Zubereitungszeit: ca. 40 Min.
Pro Portion ca. 330 kcal, 11 g EW, 22 g F, 18 g KH

1 Die Kartoffeln schälen, vierteln und in 2 cm große Stücke schneiden. Die Zwiebel schälen, halbieren und in dünne Scheiben schneiden. Die Tofuwürstchen in dünne Scheiben schneiden.

2 Das Öl in einem weiten Topf erhitzen und die Tofuwürstchen darin bei mittlerer Hitze in ca. 3 Min. kross anbraten. Kartoffeln, Zwiebel und Tomatenmark hinzugeben und 2 Min. mit anschwitzen. Mit Sojasauce und Brühe ablöschen und alles 25 Min. bei kleiner Hitze köcheln lassen.

3 Inzwischen die Paprika putzen, waschen und in mundgerechte Stücke schneiden. Die Gurken in Scheiben schneiden. Den Knoblauch schälen und durch die Presse zur Suppe geben.

4 Paprikastücke und Gurkenscheiben mit Agavendicksaft, Cayennepfeffer und Gurkensud hinzufügen. Die Suppe weitere 10 Min. bei kleinster Hitze fertig ziehen lassen. Zum Schluss falls nötig mit Salz abschmecken.

MEIN GENUSSTIPP

Soljanka schmeckt am nächsten Tag noch besser! Außerdem ist sie ein tolles Gericht für Partys, denn durch das lange Warmhalten wird sie immer runder und würziger.

DIESES OSTDEUTSCHE UND ALTE FAMILIENREZEPT ERINNERT MICH AN MEINE KINDHEIT. HEUTE LÖFFLE ICH SOLJANKA VEGANISIERT.

SATT UND ZUFRIEDEN

HAUPTGERICHTE FÜR JEDEN TAG

LA VEGANISTA BRINGT ABWECHSLUNG AUF DEN TELLER: NEUE AROMEN UND FEINE REZEPTIDEEN FÜR JEDEN TAG. IMMER DABEI: DIE RICHTIGEN GEWÜRZE UND EIN BISSCHEN RAFFINESSE – DA SCHMECKEN SOGAR VEGANISIERTE KLASSIKER WIE IHR FLEISCHHALTIGES VORBILD.

SPARGEL

MIT SAUCE HOLLANDAISE

DER KLASSIKER

FÜR DAS GEMÜSE
700 g neue Kartoffeln
(oder La-Ratte-Kartoffeln)
1 kg weißer Spargel
Salz

FÜR DIE SAUCE HOLLANDAISE
1/2 Zitrone
1 EL vegane Margarine (siehe S. 186 f.)
1 EL weißes Mandelmus (siehe S. 186 f.)
4 EL Hefeflocken (siehe S. 186 f.)
1 TL Guarkernmehl (oder 1 EL Kudzu; siehe S. 186 f.)
1/2 TL Kala Namak (siehe S. 186 f.)
1 TL Agavendicksaft (siehe S. 186 f.)
Salz | gemahlener weißer Pfeffer

AUSSERDEM
200 g Räuchertofu
2 EL neutrales Pflanzenöl
1 Stängel Dill zum Garnieren

FÜR 2 PERSONEN
Zubereitungszeit: ca. 45 Min.
Pro Portion ca. 720 kcal, 43 g EW, 30 g F, 68 g KH

1 Für das Gemüse die Kartoffeln gründlich unter fließendem Wasser abbürsten. Den Spargel schälen, die holzigen Enden abschneiden.

2 Die ungeschälten Kartoffeln in wenig Salzwasser in 20–25 Min. gar kochen (Garprobe mit einem spitzen Messer machen). Den Spargel in einem zweiten Topf in 5–10 Min. (je nach Dicke der Stangen) in Salzwasser nicht zu weich kochen. (Wer einen Dampfgarer besitzt, gart die Kartoffeln darin 15 Min. vor und gibt für die letzten 5–10 Min. den Spargel dazu.)

3 Inzwischen den Räuchertofu quer in 0,5 cm dicke Scheiben schneiden. Das Öl in einer weiten Pfanne erhitzen und die Tofuscheiben darin bei mittlerer Hitze in 1–2 Min. pro Seite knusprig braten. Die Pfanne vom Herd nehmen.

4 Für die Sauce hollandaise die Zitronenhälfte auspressen. Den Saft mit allen übrigen Zutaten (bis auf Salz und Pfeffer) und 300 ml heißem Wasser in einen Mixer geben und ca. 2 Min. auf höchster Stufe mixen, bis die Sauce cremig ist. Alternativ können Sie die Zutaten auch in einen hohen Rührbecher geben und mit dem Pürierstab aufmixen. Die Sauce mit Salz und Pfeffer abschmecken.

5 Den Dill waschen, trocken tupfen und vom Stängel zupfen. Kartoffeln und Spargel abgießen. Den Tofu zusammen mit Kartoffeln, Spargel und Sauce servieren und mit dem Dill garnieren.

MEINE TAUSCHTIPPS

Außerhalb der Spargelsaison schmeckt die Sauce auch zu Blumenkohl, Brokkoli, Kohlrabi, Mairübchen oder Romanesco fein.

SPARGEL OHNE SAUCE HOLLANDAISE? NICHT MIT MIR! UND SIEHE DA:

DER KLASSIKER IST EXTREM LEICHT PFLANZLICH ZUZUBEREITEN.

FETTARME KRÄUTER-KÜCHE

GEDÜNSTETER SPITZKOHL

AUF TOMATENPOLENTA MIT KRÄUTERJUS

FÜR DEN SPITZKOHL
1 großer Spitzkohl (oder 2 kleinere)
2 Zweige Rosmarin
2 Stängel Salbei
2 EL Olivenöl
Salz
2 EL Sojasauce
1 TL Reismalz (siehe S. 186 f.)

FÜR DIE TOMATEN-POLENTA
500 ml Gemüsebrühe
120 g Instant-Polenta
3 EL getrocknete Tomaten in Öl
Salz

AUSSERDEM
4 Stängel Basilikum
1/2 TL Speisestärke
schwarzer Pfeffer aus der Mühle

FÜR 2 PERSONEN
Zubereitungszeit: ca. 25 Min.
Pro Portion ca. 460 kcal, 13 g EW, 19 g F, 57 g KH

1 Den Spitzkohl waschen und ggf. unansehnliche äußere Blätter entfernen. Den Kohl vierteln und den Strunk nur so weit herausschneiden, dass die Viertel noch zusammenhalten. Die Kräuter waschen, trocken schütteln, die Blättchen bzw. Nadeln abzupfen und fein hacken.

2 In einer Pfanne das Olivenöl erhitzen und den Spitzkohl darin ca. 2 Min. bei mittlerer Hitze auf den Schnittseiten anbraten. Vorsicht beim Wenden, der Kohl soll nicht zerfallen. Den Kohl mit den Kräutern bestreuen, mit Salz würzen und mit 150 ml Wasser ablöschen. Sojasauce und Reismalz dazugeben und alles zugedeckt bei kleiner Hitze ca. 10 Min. dünsten.

3 Inzwischen für die Tomaten-Polenta die Brühe in einem Topf zum Kochen bringen, die Polenta einrühren und den Topf vom Herd nehmen. Die Polenta ca. 5 Min. ausquellen lassen.

4 Die getrockneten Tomaten kurz abtropfen lassen und in feine Streifen schneiden und vorsichtig unter die Polentamasse heben. Die Polenta mit Salz abschmecken.

5 Das Basilikum waschen, trocken schütteln und die Blättchen in Streifen schneiden. Die Polenta auf Teller verteilen und den Spitzkohl darauflegen. Die Stärke mit etwas Wasser glatt rühren und in die Sauce rühren. Noch einmal aufkochen, bis sie leicht bindet. Dann die Sauce über dem Gericht verteilen und alles mit Basilikum und schwarzem Pfeffer aus der Mühle garnieren.

MEIN PRAXISTIPP

Damit der Spitzkohl schön dünstet und dabei nicht zu viel Sauce verkocht, muss der Deckel auf der Pfanne liegen. Wenn Sie nur eine Pfanne ohne Deckel haben, können Sie den Kohl stattdessen in einem weiten Topf zubereiten. Oder Sie legen einfach Backpapier auf die Pfanne. Dann bleibt der Dampf nämlich auch drin.

WIE EINIGE ANDERE GEMÜSE-OLDIES AUCH KOMMT SPITZKOHL JETZT WIEDER ÖFTER AUF DIE TELLER. AUF MEINEN AM ALLERLIEBSTEN SO!

BLUMENKOHLBRATLINGE

MIT MANGOSAUCE

FÜR DEN BUCHWEIZEN
200 g Buchweizenkörner
Salz
1 TL vegane Margarine (siehe S. 186 f.)

FÜR DIE MANGOSAUCE
1 sehr reife Mango
1/2 Zwiebel
1 EL Zitronensaft
1 EL Weißweinessig
1 gestrichener TL Salz
2–3 Msp. Cayennepfeffer

FÜR DIE BRATLINGE
750 g Blumenkohl
1 EL Zitronensaft
3 EL Ei-Ersatzpulver
(siehe S. 186 f.; ersatzweise 1 gehäufter EL Sojamehl
+ 1 gehäufter EL Speisestärke)
3 EL Semmelbrösel
1 Prise Zucker
Salz
2 EL Hefeflocken (siehe S. 186 f.)
4–5 EL Sojamilch (siehe S. 186 f.)
frisch geriebene Muskatnuss
schwarzer Pfeffer aus der Mühle

AUSSERDEM
7–8 EL neutrales Pflanzenöl zum Braten

FÜR 4 PERSONEN
Zubereitungszeit: ca. 50 Min.
Pro Portion ca. 510 kcal, 17 g EW, 24 g F, 56 g KH

EXOTISCH
PIKANT

1 Den Buchweizen mit 400 ml kaltem Wasser aufsetzen und aufkochen. 1/2 TL Salz zugeben und den Buchweizen zugedeckt bei kleinster Hitze in ca. 20 Min. ausquellen lassen, bis er das Wasser vollständig aufgenommen hat. Dabei am besten nicht umrühren. Am Ende noch einmal mit Salz abschmecken.

2 Inzwischen für die Sauce die Mango schälen, das Fruchtfleisch vom Kern schneiden, mit den restlichen Saucenzutaten und 50 ml Wasser in einen Mixer geben und zu einer homogenen Masse pürieren (oder einen hohen Rührbecher und den Pürierstab benutzen). Die Sauce mit Salz und Cayennepfeffer würzig abschmecken.

3 Für die Bratlinge den Blumenkohl waschen, putzen, grob zerkleinern und in einer Küchenmaschine portionsweise mithilfe der Pulsfunktion zu einer grobkörnigen Masse zerkleinern. Der Blumenkohl darf dabei nicht musig werden – ggf. zwischendurch die Küchenmaschine schütteln, um die Masse aufzulockern. (Alternativ den Blumenkohl auf einer Gemüsereibe reiben und bei Bedarf mit dem Messer kleiner hacken.)

4 Den Blumenkohl in eine große Schüssel geben und mit dem Zitronensaft beträufeln. Mit Ei-Ersatzpulver, Semmelbröseln, Zucker, Salz, Hefeflocken und Sojamilch zu einer homogenen Masse kneten, mit Muskatnuss, Pfeffer und evtl. weiterem Salz würzig abschmecken und zwölf ca. 1,5 cm dicke Bratlinge daraus formen.

5 Das Öl in einer weiten beschichteten Pfanne erhitzen und die Bratlinge portionsweise bei mittlerer Hitze in 2–3 Min. pro Seite goldbraun braten. Fertige Bratlinge können Sie im Ofen bei 100° (Umluft 90°) warm halten.

6 Den Buchweizen mit 1 TL Margarine vermischen und zusammen mit den Bratlingen und der Sauce servieren.

BÜHNE FREI FÜR BLUMENKOHL! WER IHN BISHER NUR ALS GEMÜSEBEILAGE KANNTE, SOLLTE UNBEDINGT DIESE BRATLINGE VERSUCHEN. SEINE HAUPTROLLE IN DIESEM REZEPT: BEINAHE OSCARVERDÄCHTIG!

CRISP 'N' CREAM

KNUSPERAUBERGINEN

MIT SAHNEKOHLRABI

FÜR DIE KNUSPERAUBERGINEN
1 mittelgroße Aubergine (ca. 250 g)
1/2 TL Salz
1 gestrichener TL Zucker
4 EL Weizenmehl
2 EL Weizenstärke
100 g Tortilla-Chips (z. B. mit Chili-Geschmack)

FÜR DEN SAHNEKOHLRABI
600 g Kohlrabi
1/2 Bund Dill
Salz
100 g veganer Frischkäse (siehe S. 186 f.)
1 TL Agavendicksaft (siehe S. 186 f.)
schwarzer Pfeffer aus der Mühle

AUSSERDEM
neutrales Pflanzenöl zum Ausbacken

FÜR 2 PERSONEN
Zubereitungszeit: ca. 30 Min.
Pro Portion ca. 620 kcal, 13 g EW, 35 g F, 71 g KH

MEIN TAUSCHTIPP

Kein veganer Frischkäse zur Hand? Kein Problem – die Kohlrabisauce wird auch mit 2 EL Mandelmus schön cremig. Einfach unterrühren, kurz aufkochen und nach Belieben mit Wasser verdünnen.

1 Für die Knusperauberginen die Aubergine waschen und in 0,5 cm dicke Scheiben schneiden. Mit Salz und Zucker bestreuen und in einem Sieb ca. 15 Min. stehen lassen, damit die Scheiben »schwitzen« können.

2 Inzwischen für den Sahnekohlrabi den Kohlrabi putzen, schälen und in ca. 1 cm große Würfel schneiden. Den Dill waschen, trocken schütteln und fein hacken. Den Kohlrabi mit 250 ml Wasser in einem Topf aufkochen, salzen und in 10–12 Min. bei mittlerer Hitze bissfest kochen.

3 Die Auberginenscheiben mit Küchenpapier gründlich trocken tupfen. Das Mehl auf einen Teller geben. Die Stärke mit 100 ml Wasser in einer Schüssel verrühren. Die Tortilla-Chips in einen Gefrierbeutel füllen, mit einem Nudelholz zu feinen Bröseln zerkleinern und in eine zweite Schüssel füllen.

4 Zum Ausbacken so viel Öl in einer Pfanne erhitzen, dass es ca. 0,5 cm hoch darin steht. Die Auberginenscheiben erst in Mehl, dann in der Stärkemischung und schließlich in den Tortillabröseln wenden. Sobald das Öl heiß genug ist (an einem hineingehaltenen Holzstäbchen sollten sofort kleine Bläschen aufsteigen), die panierten Auberginenscheiben darin portionsweise ca. 2 Min. von jeder Seite ausbacken. Falls sie zu schnell bräunen, die Hitze herunterregeln. Die fertig gebratenen Auberginenscheiben kurz auf Küchenpapier entfetten.

5 Unter den Kohlrabi Frischkäse, Dill und Agavendicksaft rühren und das Gemüse mit Salz und Pfeffer abschmecken. Den Kohlrabi auf einem Teller anrichten und die Auberginenscheiben darauf verteilen.

NEUE AUFGABE FÜR TORTILLA-CHIPS: »WERDET EINE KNUSPERHÜLLE FÜR AUBERGINEN!« KEIN PROBLEM FÜR MEINEN LIEBSTEN FERNSEHSNACK.

GEBACKENER RETTICH

MIT GURKENRAHMGEMÜSE

SO SCHMECKT SPÄTSOMMER

FÜR DEN RETTICH
1 Rettich (ca. 1 kg)
Salz
3 EL Olivenöl
4 Stängel Salbei
1 Dose Kichererbsen (240 g Abtropfgewicht)

FÜR DAS GURKENRAHMGEMÜSE
200 g Räuchertofu
4 EL Olivenöl
4 Salatgurken
1 große Zwiebel
1 Bund Dill
200 ml Pflanzensahne (siehe S. 186 f.)
Salz
2 EL Senf
2 EL Agavendicksaft (siehe S. 186 f.)
1-2 EL Weißweinessig

AUSSERDEM
Backpapier für das Blech
2 TL rosa Pfefferbeeren (Schinus)

FÜR 4 PERSONEN
Zubereitungszeit: ca. 50 Min.
Pro Portion ca. 460 kcal, 18 g EW, 31 g F, 26 g KH

1 Den Rettich schälen und in 1 cm dicke Scheiben schneiden. In reichlich Salzwasser 10 Min. kochen. Das Wasser abgießen, die Rettichscheiben trocken tupfen, auf einem mit Backpapier ausgelegten Backblech ausbreiten und mit dem Olivenöl beträufeln.

2 Den Ofen auf 200° vorheizen (Umluft 180° ohne Vorheizen). Den Salbei waschen, trocken schütteln und die Blätter abzupfen. Die Kichererbsen abgießen und mit 150 ml Wasser und dem Salbei zu einer homogenen Masse pürieren und mit Salz abschmecken. Die Masse auf den Rettichscheiben verteilen. Den Rettich im heißen Ofen (Mitte) ca. 30 Min. backen.

3 Inzwischen den Räuchertofu würfeln und in einer Pfanne in 2 EL Öl bei mittlerer Hitze in 4–5 Min. sehr kross anbraten. Den Tofu auf Küchenpapier entfetten und beiseitestellen.

4 Die Gurken schälen, längs halbieren und die Kerne mit einem Löffel herauskratzen. Das Fruchtfleisch in 1 cm breite Scheiben schneiden. Die Zwiebel schälen und fein würfeln. Den Dill waschen, gut trocken tupfen, abzupfen, ein paar Spitzen für die Garnitur zurückbehalten und den Rest fein hacken.

5 Das restliche Olivenöl in einem weiten Topf erhitzen und die Gurkenstücke darin 5–7 Min. anbraten, bis sie Farbe bekommen. Die Zwiebelwürfel dazugeben und ca. 2 Min. mit anschwitzen. Mit 300 ml Wasser und der Pflanzensahne ablöschen, alles aufkochen, salzen und zugedeckt bei kleiner Hitze ca. 10 Min. köcheln lassen.

6 Den Senf in das Gurkengemüse rühren und dieses mit Agavendicksaft und dem Weißweinessig abschmecken. Zum Schluss die Tofuwürfel zufügen, alles noch einmal aufkochen und vom Herd nehmen.

7 Den Dill unter das Gurkengemüse heben. Das Gemüse auf tiefe Teller verteilen, den Rettich daraufsetzen und alles mit rosa Pfeffer und etwas Dill garnieren.

RETTICH IST EIN UNTERSCHÄTZTES GEMÜSE. NICHT BEI MIR, DENN MIT DEN LANGEN, WÜRZIGEN WURZELN LÄSST SICH ALLERLEI FEINES KOCHEN. SIEHE HIER!

GEDÜNSTETER PAK-CHOI

AUF KORIANDER-BLUMENKOHL

LUST AUF ASIA-KÜCHE?

FÜR DEN KOKOSREIS
300 g Reis (Basmati oder Jasmin)
3 EL Kokosflocken
Salz

FÜR DEN PAK-CHOI
4 mittelgroße Pak-Choi
1 Knoblauchzehe
1 frische Chilischote
1 Bio-Limette
60 ml Sojasauce
1 EL Agavendicksaft
(oder Reismalz; siehe S. 186 f.)
1 TL Kokosöl

FÜR DEN KORIANDER-BLUMENKOHL
1 Blumenkohl | Salz
1 Bund Koriandergrün
2 EL Reisessig
(ersatzweise 1–2 EL milder Weißweinessig)
1 EL Agavendicksaft
3 EL geröstetes Sesamöl
4 EL Sojasauce

AUSSERDEM
4 EL ungesalzene Erdnüsse

FÜR 4 PERSONEN
Zubereitungszeit: ca. 45 Min.
Pro Portion ca. 525 kcal, 16 g EW, 16 g F, 78 g KH

1 Den Reis mit den Kokosflocken mit 500 ml Wasser aufkochen, salzen und bei kleinster Hitze in ca. 15 Min. gar ziehen lassen.

2 Inzwischen den Pak-Choi waschen, putzen und halbieren. Den Stielansatz nur so weit entfernen, dass der Kopf noch zusammenhält.

3 Den Knoblauch schälen. Die Chili waschen, putzen, längs halbieren und (je nach gewünschter Schärfe) mit oder ohne Samen fein schneiden.

4 Die Limette heiß abwaschen und trocken reiben, die Schale abreiben und den Saft auspressen. Die Sojasauce mit Agavendicksaft und Limettensaft vermischen. Den Knoblauch dazugeben und Chili und Limettenschale unterrühren.

5 Das Kokosöl in einer Pfanne erhitzen und die Pak-Choi-Hälften darin auf den Schnittflächen ca. 2 Min. bei mittlerer Hitze anbraten. Mit der Sojasaucen-Mischung ablöschen und alles bei geschlossenem Deckel ca. 10 Min. auf kleiner Flamme dünsten.

6 Inzwischen für den Koriander-Blumenkohl den Blumenkohl waschen, putzen, in Röschen zerteilen und in reichlich Salzwasser ca. 10 Min. bei kleiner Hitze garen.

7 Das Koriandergrün waschen und trocken schütteln. Blättchen und zarte Stängel zusammen mit Reisessig, Agavendicksaft (oder Reismalz), Sesamöl und Sojasauce in einen Mixer geben und fein pürieren (oder in einem hohen Gefäß mit dem Pürierstab pürieren).

8 Die Erdnüsse in einer Pfanne ohne Öl goldbraun anrösten, in einen Gefrierbeutel geben und mithilfe eines schweren Gegenstandes, z. B. einer Pfanne, zerstoßen (oder mit dem Messer hacken).

9 Den fertigen Blumenkohl abgießen und mit dem Korianderdressing mischen. Den Pak-Choi mit Sauce, Kokosreis und Blumenkohl auf Tellern anrichten und mit den Erdnüssen bestreuen.

WAS EIN GLÜCK: PAK-CHOI, FRÜHER NUR IM ASIENLADEN ZU HABEN, GIBT'S HEUTE IMMER ÖFTER AUCH IM NORMALEN SUPERMARKT. DORT AUCH NICHT GEFUNDEN? FRAGEN SIE EINFACH NACH SENFKOHL!

FERTIG IN 20 MINUTEN!

TEUFELSKARTOFFELN

MIT KICHERERBSEN UND RUCOLA

500 g (vorwiegend) festkochende Kartoffeln
1 EL Kokosöl
1 Dose Kichererbsen (240 g Abtropfgewicht)
1 Bund Rucola
1/2 TL Cayennepfeffer (nach Belieben mehr)
1 TL edelsüßes Paprikapulver
1 TL Tomatenmark
Salz | schwarzer Pfeffer aus der Mühle

AUSSERDEM
2 EL veganes Basilikumpesto
(fertig gekauft oder selbst gemacht, siehe Tipp)

FÜR 2 PERSONEN
Zubereitungszeit: ca. 20 Min.
Pro Portion ca. 330 kcal, 12 g EW, 12 g F, 44 g KH

MEIN SELBERMACHTIPP

Veganes, also käsefreies Pesto zu finden ist oft gar nicht so einfach. Selber machen heißt darum die Devise! Dafür 2 Bund Basilikum waschen und trocken schütteln. 3 Knoblauchzehen schälen und grob klein schneiden. 50 g Cashew- oder Pinienkerne in einer trockenen Pfanne goldbraun rösten und mit dem Knoblauch, dem Basilikum (Blätter und zarte Stängel), 1 TL Salz und 150 ml Olivenöl im Mixer zu einer cremigen Masse verarbeiten. Sofort verwenden oder möglichst ohne Luftblasen in ein Gläschen füllen, eine Schicht Öl darübergießen und das Pesto im Kühlschrank aufbewahren. Es hält sich dort, immer gut mit Öl bedeckt, mehrere Wochen.

1 Die Kartoffeln schälen und in ca. 2 cm große Würfel schneiden. Das Öl in einer großen Pfanne erhitzen und die Kartoffeln darin in ca. 10 Min. bei mittlerer Hitze goldbraun anbraten.

2 Inzwischen die Kichererbsen in ein Sieb abgießen und abtropfen lassen. Den Rucola verlesen, waschen, trocken schleudern und etwas klein zupfen.

3 In einer Schüssel Cayennepfeffer, Paprikapulver, Tomatenmark und 2 EL Wasser verrühren und mit Salz abschmecken.

4 Die Tomatenmark-Wasser-Mischung zusammen mit den Kichererbsen in die Pfanne geben, sobald die Kartoffeln gar sind. Alles weitere 2 Min. unter Rühren erhitzen, bis alle Kartoffelwürfel gleichmäßig rot sind.

5 Den Rucola unter die Kartoffel-Kichererbsen-Pfanne heben. Das Gericht mit Salz, Pfeffer und nach Belieben Cayennepfeffer abschmecken und mit dem Basilikumpesto servieren.

IN DER VEGANEN KÜCHE WIRD UNMÖGLICHES MÖGLICH: ECHTES FASTFOOD

UND DABEI RICHTIG GESUND. UND DANN AUCH NOCH SCHÖN GÜNSTIG.

SIE TRAGEN IHREN NAMEN SCHON ZU RECHT, DIESE TEUFELSKARTOFFELN …

RICHTIG SCHÖN DEFTIG

BAUERN-FRÜHSTÜCK

400 g (vorwiegend) festkochende Kartoffeln
Salz
1 Zwiebel
4 EL Weizenmehl
1/2 TL Backpulver
2 EL Hefeflocken (siehe S. 186 f.)
1/2 TL Kala Namak (siehe S. 186 f.)
1/3 TL Kurkumapulver
200 ml Sojamilch (siehe S. 186 f.)
5 EL neutrales Pflanzenöl
schwarzer Pfeffer aus der Mühle

AUSSERDEM
1/2 Bund Schnittlauch
2 Gewürzgurken

FÜR 2 PERSONEN
Zubereitungszeit: ca. 25 Min.
Pro Portion ca. 510 kcal, 14 g EW, 28 g F, 51 g KH

1 Die Kartoffeln schälen, in ca. 1 cm große Würfel schneiden und in kochendem Salzwasser 5 Min. vorgaren. In ein Sieb abgießen und kurz abkühlen lassen. Die Zwiebel schälen und in feine Würfel schneiden.

2 In einer Schüssel das Mehl mit Backpulver, Hefeflocken, Kala Namak, Kurkuma und Sojamilch gründlich verrühren.

3 Die Kartoffeln in einer großen Pfanne in 3 EL Öl bei mittlerer Hitze in 10–12 Min. goldbraun anbraten. Die Zwiebelwürfel zugeben und ca. 1 Min. mitbraten. Die Mischung zum Schluss salzen und pfeffern.

4 Inzwischen in einer kleinen Pfanne (ca. 18 cm Ø) 1 EL Öl erhitzen und die Hälfte des Teiges hineingießen. Das »Omelett« in 3–5 Min. bei mittlerer Hitze von beiden Seiten goldbraun braten und auf einen Teller geben.

5 Auf die gleiche Weise aus dem übrigen Teig im restlichen Öl ein zweites »Omelett« braten. Jeweils die Hälfte der Kartoffelmischung auf der Hälfte jedes »Omeletts« verteilen. Die andere Hälfte darüberklappen.

6 Den Schnittlauch waschen, trocken schütteln und in feine Ringe schneiden. Das Bauernfrühstück mit je 1 Gewürzgurke garnieren und mit dem Schnittlauch bestreut servieren.

MEINE PRAXISTIPPS

Wer es noch deftiger mag, gibt ca. 100 g kross gebratenen Räuchertofu zu den Kartoffeln.

Übrigens: Ohne Kala Namak geht's natürlich auch. Ersetzen Sie dann die Hälfte des Mehls durch Kichererbsenmehl (Bioladen, Reformhaus oder Asienladen). Es hat ebenfalls eine leicht schweflige Note, die sich wunderbar eignet, um Ei zu imitieren – ähnlich wie das indische Schwarzsalz, aber etwas dezenter.

HMMM, EIN RICHTIG DEFTIGES BAUERNFRÜHSTÜCK! KALA NAMAK
HEISST DABEI MEIN WUNDERMITTEL, MIT DEM ICH – HOKUSPOKUS –
DEN EI-GESCHMACK IN DEN PFANNKUCHENTEIG ZAUBERE.

KARTOFFEL-SELLERIE-STAMPF

MIT SENFSAUCE

SCHNELL
SATT

FÜR DEN KARTOFFEL-SELLERIE-STAMPF
300 g mehligkochende Kartoffeln
300 g Knollensellerie
Salz
100 ml Pflanzenmilch (siehe S. 186 f.)
50 g vegane Margarine (siehe S. 186 f.)
frisch geriebene Muskatnuss

FÜR DIE SENFSAUCE
2 EL vegane Margarine
1 gehäufter EL Weizenmehl
3 EL Senf
1 TL Zucker
Salz | gemahlener weißer Pfeffer
1 TL Weißweinessig (nach Belieben)

FÜR 2 PERSONEN
Zubereitungszeit: ca. 30 Min.
Pro Portion ca. 425 kcal, 8 g EW, 31 g F, 30 g KH

1 Für den Kartoffel-Sellerie-Stampf Kartoffeln und Sellerie schälen und in 1 cm große Würfel schneiden. Das Gemüse knapp mit Wasser bedecken, salzen, aufkochen und mit geschlossenem Deckel ca. 15 Min. garen. Das fertige Gemüse abgießen, dabei das Kochwasser auffangen und 1 l davon abmessen. Das Gemüse zurück in den Topf geben.

2 Für die Senfsauce in einem weiteren Topf die Margarine schmelzen. Das Mehl dazugeben und unter ständigem Rühren ca. 1 Min. bei mittlerer Hitze goldgelb anschwitzen.

3 Das Gemüsekochwasser mit einem Schneebesen in die Mehlschwitze einrühren, damit sich keine Klümpchen bilden. Senf, Zucker, Salz und Pfeffer zugeben und die Sauce ca. 5 Min. bei kleiner Hitze köcheln lassen. Zum Schluss die Sauce nach Belieben mit Essig, Salz und Pfeffer abschmecken.

4 Für den Kartoffelstampf die Pflanzenmilch zusammen mit der Margarine aufkochen und zum Gemüse gießen. Das Gemüse darin noch einmal kurz erhitzen und mit einem Kartoffelstampfer zu Püree stampfen. (Wer feineres Püree möchte, gibt die Gemüsewürfel durch eine Kartoffelpresse zu der Milch-Margarine-Mischung.)

5 Den Stampf mit Muskat und Salz abschmecken. Etwas davon auf zwei Teller verteilen, mit einem Löffel eine Mulde in die Mitte drücken und die Senfsauce hineingießen. Sofort servieren. Dazu passt der Rote-Bete-Salat von Seite 53.

MEIN TAUSCHTIPP

Übrigens: Nicht nur Sellerie eignet sich dazu, das gute alte Kartoffelpüree geschmacklich immer wieder neu zu erfinden. Im Rezept oben lässt er sich problemlos durch Pastinaken, Petersilienwurzeln, Erbsen (frisch oder TK) oder Kürbis ersetzen. Dabei kommen TK-Erbsen erst mit der Pflanzenmilch zu den Kartoffeln und werden vor dem Stampfen nur kurz mit erhitzt. Alle diese Gemüsepürees bekommen durch Meerettich ein i-Tüpfelchen: einfach das Püree mit 1 EL der frisch geriebenen scharfen Wurzel würzen.

WENN'S MAL WIEDER HEKTISCH WAR, BRAUCHE ICH EINE WOHLIG-WARME AUSZEIT.

MIT DEM KARTOFFEL-SELLERIE-STAMPF GIBT'S ENTSPANNUNG LÖFFELWEISE.

ALOO PALAK

À LA VEGANISTA

400 g (vorwiegend) festkochende Kartoffeln
Salz
1 große Zwiebel
1 zwetschgengroßes Stück frischer Ingwer
1 kleine frische Chilischote
1 Dose Kichererbsen (Abtropfgewicht 240 g)
300 g Spinat
4 Kardamomkapseln
1 TL ganze Koriandersamen
1 Msp. gemahlener Kreuzkümmel (Cumin)
1 TL Garam Masala (Gewürzmischung, Asienladen oder gut sortierter Supermarkt)
1/2 TL gemahlene Bockshornkleesamen (Bioladen, Gewürzregal)
2 EL vegane Margarine (siehe S. 186 f.)
250 ml Pflanzensahne (siehe S. 186 f.) oder Kokosmilch

FÜR 2 PERSONEN
Zubereitungszeit: ca. 35 Min.
Pro Portion ca. 505 kcal, 16 g EW, 28 g F, 46 g KH

1 Die Kartoffeln schälen, in ca. 2 cm große Stücke schneiden und in reichlich Salzwasser in ca. 10 Min. fast fertig garen.

2 Inzwischen Zwiebel und Ingwer schälen und fein würfeln. Die Chilischote putzen, waschen, längs halbieren und (je nach gewünschter Schärfe) mit oder ohne Samen fein schneiden. Die Kichererbsen abgießen und abtropfen lassen. Den Spinat waschen, putzen, grobe Wurzeln und Stängel entfernen und die Blätter in einem Sieb abtropfen lassen.

3 Die Kardamomkapseln mit einem Messer öffnen, die Samen herausnehmen und mit den Koriandersamen im Mörser zerstoßen. Kreuzkümmel, Garam Masala und Bockshornklee zugeben und alles gut mischen.

4 Die fertigen Kartoffeln abgießen, dabei etwas von dem Kochwasser auffangen.

5 2 EL Margarine in einer großen Pfanne mit hohem Rand erhitzen. Die Zwiebelwürfel darin in ca. 2 Min. bei mittlerer Hitze glasig dünsten. Die Gewürzmischung hinzufügen und unter Rühren ca. 30 Sek. mit anschwitzen. Den Spinat zugeben, in ca. 1 Min. bei geschlossenem Deckel zusammenfallen lassen und mit einem Holzlöffel etwas zerstoßen. Ingwer, Kartoffeln, Kichererbsen und Pflanzensahne zufügen und die Mischung salzen.

6 Das Gemüse aufkochen und bei mittlerer Hitze ca. 5 Min. köcheln lassen. Falls die Sauce zu dickflüssig wird, mit dem Kartoffelkochwasser etwas verdünnen. Zum Schluss mit Salz abschmecken.

MEINE GENUSSTIPPS

Dazu schmeckt indisches Naan-Brot oder Reis.

Und auch hier gilt: Variieren ausdrücklich erlaubt! Zum Beispiel mit Möhren oder Kürbis statt Kartoffeln.

AB NACH INDIEN! DAFÜR BRAUCHT'S KEIN REISEBÜRO, SONDERN NUR DEN GEWÜRZSCHRANK: MIT INGWER, KARDAMOM UND KREUZKÜMMEL GEHT'S AUF IN DEN NORDWESTEN INDIENS – DA KOMMT MEIN LIEBLINGSGERICHT NÄMLICH HER.

MAIRÜBCHEN-PASTA

----- MIT GLASIERTEN KRÄUTERSEITLINGEN -----

300 g Mairübchen (Nevetten)
200 g Kräuterseitlinge
(ersatzweise Austernpilze oder
Steinchampignons)
1 Stängel Estragon
200 ml Sojasahne (siehe S. 186 f.)
50 ml trockener Weißwein
1 EL Hefeflocken (siehe S. 186 f.)
250 g Spaghettini
Salz
3 EL Olivenöl
1 TL Reismalz (siehe S. 186 f.)
schwarzer Pfeffer aus der Mühle

FÜR 2 PERSONEN
Zubereitungszeit: ca. 25 Min.
Pro Portion ca. 850 kcal, 27 g EW, 31 g F, 111 g KH

1 Das Blattgrün der Mairübchen entfernen und die Rübchen mit einer Gemüsebürste unter Wasser gut abbürsten. Die Stielansätze abschneiden und die Rübchen in ca. 2 cm große Würfel schneiden.

2 Die Kräuterseitlinge putzen, falls nötig trocken abreiben und je nach Größe längs halbieren, vierteln oder noch kleiner schneiden. Den Estragon waschen, trocken schütteln und sehr fein hacken.

3 Die Sojasahne mit 200 ml Wasser, Weißwein und Hefeflocken in einem kleinen Topf aufkochen und bei kleiner Hitze ca. 10 Min. köcheln lassen.

4 Die Spaghettini in reichlich Salzwasser nach Packungsanweisung gar kochen. 5 Min. vor Ende der Garzeit die Mairübchen zugeben und mitgaren.

5 Inzwischen das Olivenöl in einer Pfanne erhitzen und die Pilze darin in 4–5 Min. bei mittlerer Hitze goldbraun braten. Das Reismalz und den Estragon zugeben und alles kurz durchschwenken, sodass die Pilze im Malz leicht glasiert werden. Mit Salz und Pfeffer abschmecken.

6 Die Spaghettini und die Mairübchen abgießen. Die Gemüsepasta nicht abtropfen lassen, sondern sofort zurück in den Topf geben. Die Sauce mit Salz und Pfeffer abschmecken, unter die Nudeln heben und die Pasta mit den Pilzen servieren.

MEIN VERWANDLUNGSTIPP

Die Sauce lässt sich leicht in eine vegane Carbonara-Sauce verwandeln: Für 2 Personen 100 g Räuchertofu klein würfeln. 1 kleine Zwiebel schälen und würfeln. Beides in 2 EL Olivenöl anbraten, mit 50 ml trockenem Weißwein und 200 ml Sojasahne ablöschen und 1 EL Hefeflocken unterheben. Mit Salz, Pfeffer und nach Belieben gehackter Petersilie abschmecken.

LECKERES MIT MAIRÜBCHEN

DELIKATES DUO

SALBEISPAGHETTI

MIT KNUSPERSOJA

500 g Spaghetti
Salz
50 g feine (Sojahack) oder
grobe Sojaschnetzel (siehe S. 186 f.)
1 großes Bund Salbei
4 Knoblauchzehen
1 Bio-Zitrone
4 EL Olivenöl
150 g vegane Margarine (siehe S. 186 f.)
4 EL Kapern
2 TL rosa Pfefferbeeren (Schinus)

FÜR 4 PERSONEN
Zubereitungszeit: ca. 15 Min.
Pro Portion ca. 865 kcal, 21 g EW, 44 g F, 96 g KH

1 Die Spaghetti in reichlich Salzwasser bissfest kochen.

2 Inzwischen feine Sojaschnetzel in einer Schüssel für ca. 3 Min. in der doppelten Menge Wasser einweichen, grobe ca. 5 Min. in reichlich Wasser kochen.

3 Den Salbei waschen, trocken schütteln und die Blättchen in feine Streifen schneiden. Den Knoblauch schälen. Die Zitrone heiß abwaschen, trocknen und die Schale fein abreiben (den Saft anderweitig verwenden).

4 Die Sojaschnetzel abgießen und in einer Pfanne in dem Olivenöl in ca. 3 Min. bei großer Hitze knusprig anrösten, dabei zwischendurch umrühren.

5 Inzwischen in einem Topf die Margarine schmelzen. Den Knoblauch dazupressen und die Salbeiblätter zugeben. Alles ca. 1 Min. unter stetigem Rühren bei kleiner Hitze anbraten.

6 Die Nudeln abgießen, nicht abtropfen lassen und sofort in die Salbei-Knoblauch-Mischung geben. Kurz durchschwenken, mit Salz abschmecken und auf Tellern anrichten. Die Pasta mit den knusprigen Sojaschnetzeln, Kapern, Zitronenschale und rosa Pfeffer garnieren.

MEINE GENUSSTIPPS

Anstelle der Sojaschnetzel knuspert es sich auch mit gerösteten Zwiebeln oder sehr fein gewürfeltem und gebratenem Räuchertofu gut.

Salbei ist eines der Kräuter, die ich im Sommer immer auf meinem Balkon (oder der Fensterbank) pflege. Für einen Do-it-yourself-Kräutergarten mit Basilikum, Zitronenthymian, Rosmarin, Salbei, Schnittlauch und Lorbeer ist sogar in der kleinsten Wohnung Platz, und frische Kräuter, ganz spontan auf ein einfaches Gericht gestreut, sind wahrer Luxus. Wer braucht da noch teure Zutaten?

SO EINFACH, SO GUT: SALBEI UND KNOBLAUCH TREFFEN AUF FRUCHTIGES OLIVENÖL. ES BRAUCHT OFT GAR NICHT VIEL, UM WIRKLICH GUT ZU ESSEN!

LASAGNE

DELLA CASA

KLASSISCH, EINFACH, LECKER!

FÜR DIE TOMATENSAUCE
1 Zwiebel
1/2 Stange Lauch
100 g Knollensellerie
1 Möhre
2 Knoblauchzehen
2 EL Olivenöl
2 EL Tomatenmark
150 ml Rotwein (oder Gemüsebrühe)
1 Dose stückige Tomaten (à 400 g)
3 EL Sojasauce
1 EL Weißweinessig
1 EL Agavendicksaft (siehe S. 186 f.)
100 g feine Sojaschnetzel (siehe S. 186 f.)
Salz
schwarzer Pfeffer aus der Mühle

FÜR DIE BÉCHAMELSAUCE
70 g vegane Margarine (siehe S. 186 f.)
70 g Weizenmehl
600 ml Pflanzenmilch (ggf. mehr; siehe S. 186 f.)
5 EL Pflanzensahne (siehe S. 186 f.)
Salz
gemahlener weißer Pfeffer
1 Prise frisch geriebene Muskatnuss
4 EL Hefeflocken (siehe S. 186 f.)

AUSSERDEM
Auflaufform (ca. 30 x 20 cm)
vegane Margarine (siehe S. 186 f.) für die Form
300 g Lasagneblätter

FÜR 4 PERSONEN
Zubereitungszeit: ca. 50 Min.
Backzeit: ca. 50 Min
Pro Portion ca. 805 kcal, 36 g EW, 28 g F, 96 g KH

1 Für die Tomatensauce die Zwiebel schälen und fein würfeln. Den Lauch putzen, der Länge nach aufschneiden, gründlich waschen und in feine Scheiben schneiden. Sellerie und Möhre putzen, schälen und sehr klein würfeln. Die Knoblauchzehen schälen.

2 In einer hohen Pfanne mit Deckel das Olivenöl erhitzen und das Gemüse darin ca. 5 Min. bei mittlerer Hitze leicht anrösten. Das Tomatenmark zugeben und 3 Min. mitrösten, bis es bräunlich wird. Mit Rotwein oder Brühe ablöschen. Die Knoblauchzehen dazupressen, dann die Dosentomaten, Sojasauce, Weißweinessig, Agavendicksaft und Sojaschnetzel zugeben und die Sauce salzen und pfeffern. Den Deckel aufsetzen und alles ca. 30 Min. bei kleiner Hitze köcheln.

3 Inzwischen die Béchamelsauce zubereiten. Dafür die Margarine in einem Topf schmelzen. Das Mehl zugeben und in der Margarine ca. 1 Min. bei mittlerer Hitze goldgelb anschwitzen. Mit einem Schneebesen Pflanzenmilch und Pflanzensahne einrühren und aufkochen. Die Hitze reduzieren, Salz, Pfeffer und Muskat hinzufügen und die Sauce ca. 5 Min. bei kleiner Hitze köcheln lassen. Zum Schluss die Hefeflocken unterrühren. Sollte die Sauce zu dick sein, noch etwas Pflanzenmilch einrühren.

4 Den Backofen auf 200° vorheizen (Umluft 180° ohne Vorheizen). Die Lasagneform einfetten und den Boden ganz dünn mit Tomatensauce bedecken. Eine Schicht Lasagneplatten darauflegen und mit Béchamelsauce bestreichen. Erneut Tomatensauce daraufgeben und so fortfahren, bis alle Zutaten verbraucht sind. Mit Béchamelsauce abschließen und die Lasagne im heißen Ofen (unten) ca. 50 Min. backen.

LASAGNE LÄSST SICH PERFEKT VORBEREITEN. UND WENN DIE GÄSTE KLINGELN, HEISST ES NUR NOCH: AB IN DEN OFEN! WIE ENTSPANNT IST DAS DENN?!

GRÜNKERN-BBQ-PASTA

MIT GUACAMOLE

GESUNDE PROTEIN-QUELLE

FÜR DIE SAUCE
250 g Grünkernkörner
2 Zweige Rosmarin
2 Zwiebeln | 2 EL Olivenöl
5 EL Tomatenmark
3 Dosen stückige Tomaten (à 400 g)
2 TL Grill-Gewürzmischung (siehe Tipp S. 104)
1 1/2 EL Reismalz (siehe S. 186 f.) | Salz
2 EL Aceto balsamico

FÜR DIE GUACAMOLE
1 Zitrone
2 reife Avocados (siehe Tipp)
1 Tomate | 1 kleine Zwiebel
2 Stängel Koriandergrün (nach Belieben)
Salz | schwarzer Pfeffer aus der Mühle

AUSSERDEM
500 g Spaghetti
2 Stängel Basilikum
1 EL Hefeflocken (siehe S. 186 f.)

FÜR 4 PERSONEN
Zubereitungszeit: ca. 25 Min.
Kochzeit: ca. 40 Min.
Einweichzeit: ca. 8 Std.
Pro Portion ca. 1050 kcal, 31 g EW, 36 g F, 150 g KH

MEIN PRAXISTIPP

Der Reifegrad von Avocados lässt sich bei meiner Lieblingssorte »Hass« sehr gut an der Farbe der Schale ablesen: Je dunkler sie ist, desto reifer sind die Früchte. Sind sie noch hart, lege ich sie zusammen mit einem Apfel für 2–3 Tage in eine Papiertüte, in die ich einige Löcher gestochen habe.

1 Für die Sauce den Grünkern mindestens 8 Std., am besten über Nacht, in reichlich Wasser einweichen. Am nächsten Tag den eingeweichten Grünkern abgießen, mit kaltem Wasser abspülen und abtropfen lassen.

2 Für die Guacamole die Zitrone auspressen. Die Avocados halbieren, die Kerne entfernen und das Fruchtfleisch mit einem Löffel auskratzen. Sofort mit dem Zitronensaft beträufeln und das Fruchtfleisch mit einer Gabel zerdrücken. Die Tomate waschen, halbieren, den Stielansatz herausschneiden, die Kerne mit einem Löffel entfernen und das Fruchtfleisch fein würfeln.

3 Die Zwiebel ebenfalls in feine Würfel schneiden. Den Koriander (falls verwendet) waschen, trocken schütteln, fein hacken und mit Tomaten- und Zwiebelwürfeln unter das Avocadopüree rühren. Die Guacamole mit Salz und Pfeffer abschmecken und kalt stellen.

4 Für die Sauce den Rosmarin waschen und trocken schütteln, die Nadeln abstreifen und fein hacken. Die Zwiebeln schälen und fein würfeln. Das Olivenöl in einer Pfanne erhitzen und den abgetropften Grünkern darin ca. 5 Min. bei mittlerer Hitze anbraten. Zwiebelwürfel zugeben und ca. 2 Min. mitbraten. Das Tomatenmark zufügen und weitere 3 Min. unter Rühren anrösten. Mit 50 ml Wasser und den stückigen Tomaten ablöschen, Rosmarin, Grillgewürz und Reismalz unterrühren und alles salzen. Die Sauce 40 Min. mit halb aufgelegtem Deckel bei kleiner Hitze köcheln lassen.

5 Die Spaghetti nach Packungsanweisung in Salzwasser kochen. Das Basilikum waschen, trocken schütteln und die Blättchen etwas zerzupfen. Die fertigen Nudeln abgießen. Die Sauce noch einmal mit Salz und dem Essig abschmecken. Spaghetti und Sauce mit Hefeflocken und Basilikum bestreuen. Die Guacamole dazu servieren.

VON MEINER VEGANEN »BOLO« KOCHE ICH IMMER GLEICH DIE DOPPELTE MENGE. SIE HÄLT SICH OHNE PROBLEME DREI TAGE IM KÜHLSCHRANK, UND PORTIONSWEISE EINGEFROREN HABE ICH SIE IMMER GRIFF- UND GENUSSBEREIT.

GEBACKENER TOFU

MIT DILLKARTOFFELN

KRÄUTER-
FRISCHE KÜCHE

FÜR DIE DILLKARTOFFELN
600 g (vorwiegend) festkochende Kartoffeln
Salz
1 Bund Dill
1 EL vegane Margarine (siehe S. 186 f.)

FÜR DEN GEBACKENEN TOFU
1 Bund mediterrane Kräuter
(z. B. Zitronenthymian, Salbei, Rosmarin, Oregano, Basilikum)
1 Bio-Zitrone
2 Blöcke Räuchertofu à 200 g
1 frische Chilischote
2 EL Olivenöl

AUSSERDEM
Backpapier für das Blech

FÜR 2 PERSONEN
Zubereitungszeit: ca. 20 Min.
Backzeit: ca. 25 Min.
Pro Portion ca. 655 kcal, 44 g EW, 33 g F, 45 g KH

1 Die Kartoffeln schälen, halbieren und in reichlich Salzwasser in ca. 20 Min. gar kochen.

2 Für den gebackenen Tofu den Backofen auf 250° vorheizen (Umluft 220° ohne Vorheizen) und ein Blech mit Backpapier belegen. Die Kräuter waschen und trocken schütteln, die Blättchen abzupfen und nach Belieben etwas kleiner zupfen. Die Zitrone heiß abwaschen, trocken reiben und in dünne Scheiben schneiden.

3 Den Tofu aus der Verpackung nehmen, trocken tupfen und gitterförmig bis zur Hälfte einschneiden. In die Schnitte großzügig Zitronenscheiben und Kräuter hineinfüllen. Dabei den Tofu vorsichtig auseinanderbiegen, ohne dass er bricht.

4 Die Chilischote waschen, putzen, halbieren und das Fruchtfleisch (je nach gewünschter Schärfe mit oder ohne Samen) hacken. Den Tofu auf das Backblech setzen und mit der gehackten Chili bestreuen. Das Olivenöl darüberträufeln und den Tofu im Backofen (Mitte) 20–25 Min. backen.

5 Inzwischen den Dill fein hacken. In einer Pfanne die Margarine schmelzen. Die Kartoffeln abgießen und sofort in die Pfanne geben. Bei kleiner Hitze ca. 2 Min. in der Margarine schwenken, den Dill zugeben, die Pfanne vom Herd ziehen und alles 1 weitere Min. ziehen lassen. Die Kartoffeln zusammen mit dem gebackenen Tofu servieren.

MEIN KRÄUTERTIPP

Ich bereite das Gericht meistens in den wärmeren Monaten zu und pflege die im Rezept angegebenen Kräuter auf meinem Balkon. Besonders Zitronenthymian verwende ich sehr oft (z. B. für Salate und zu Pasta). Probieren Sie ihn einmal aus – die Entdeckung lohnt sich!

IN MEINEM BLOG VEGAN-SEIN.DE IST DIESES REZEPT DER LIEBLING DER LESER.

WENN SIE ES EINMAL NACHGEKOCHT HABEN, WERDEN SIE WISSEN, WARUM:

DIE VOLLE LADUNG SOMMERAROMA BRINGT DEN URLAUB AUF DEN TISCH!

»GYROS«-MEDAILLONS

MIT BOHNENSALAT UND »TSATSIKI«

FÜR DIE »GYROS«-MEDAILLONS
100 g Sojamedaillons (siehe S. 186 f.)
2 EL Weizenstärke
1 TL Hefeflocken (siehe S. 186 f.)
1 EL Grill-Gewürzmischung (siehe Tipp)
1 gestrichener TL Salz
1 TL edelsüßes Paprikapulver
4 EL neutrales Pflanzenöl

FÜR DEN »TSATSIKI«
1–2 Knoblauchzehen
250 g Sojaghurt natur (siehe S. 186 f.)
1/2 Bund Dill
1/3 Salatgurke
1 TL Agavendicksaft (siehe S. 186 f.)
Salz
Pfeffer aus der Mühle

FÜR DEN BOHNENSALAT
700 g grüne Bohnen
Salz | 1–2 Frühlingszwiebeln
2 EL Weißweinessig
1 EL Olivenöl
schwarzer Pfeffer aus der Mühle

FÜR 2 PERSONEN
Zubereitungszeit: ca. 40 Min.
Pro Portion ca. 640 kcal, 38 g EW, 30 g F, 47 g KH

1 Die Sojamedaillons in einer Schüssel mit reichlich kochendem Wasser überbrühen und 10 Min. einweichen. Herausnehmen, sehr gut ausdrücken und auf Küchenpapier trocknen lassen.

2 Inzwischen für den Dip den Knoblauch schälen und durch die Presse zum Sojaghurt geben. Den Dill waschen, trocken tupfen und hacken. Die Salatgurke schälen und fein reiben. Alles mit dem Sojaghurt verrühren und mit Agavendicksaft, Salz und Pfeffer abschmecken. Bis zum Servieren kühl stellen.

3 Die Bohnen waschen, putzen, schräg in 4 cm lange Stücke schneiden und in reichlich kochendem Salzwasser in 5–7 Min. bissfest kochen. Die fertigen Bohnen abgießen und mit kaltem Wasser abschrecken. Die Frühlingszwiebeln putzen, waschen, in sehr feine Ringe schneiden und mit den Bohnen mischen. Aus Essig, Öl, Salz und Pfeffer ein Dressing rühren und unter den Salat heben.

4 Für die Medaillons Stärke, Hefeflocken und Gewürze verrühren. Unter stetigem Rühren 100 ml Wasser zugeben. Die Panade über die Medaillons gießen und mit den Händen gut einarbeiten.

5 Das Öl in einer Pfanne erhitzen und die Medaillons darin bei mittlerer Hitze von jeder Seite 3–4 Min. braten. Mit Salat und Dip servieren.

MEIN SELBERMACHTIPP

Das Grillgewürz mische ich selbst auf Vorrat. Für 1 kleines Gläschen (30 g) mische ich in einer Schüssel 5 TL getrockneten Oregano, 3 TL edelsüßes Paprikapulver, 1 TL gemahlenen Kreuzkümmel (Cumin), 1 TL gemahlenen Koriander, 1 TL getrockneten, gemahlenen Rosmarin, 1/2 TL Cayennepfeffer, 1/2 TL schwarzen Pfeffer aus der Mühle, 1/2 TL Rauchsalz (siehe S. 186 f.) und nach Belieben 1 TL Zwiebelpulver.

URLAUBS-
GRÜSSE AUS
ATHEN

WINTER-
KÜCHE MIT
FRISCHEKICK

RAHMWIRSING

MIT RÄUCHERTOFU

400 g Wirsing | 1 kleine Zwiebel
150 g Räuchertofu | 3 EL Olivenöl
100 ml trockener Weißwein (oder Gemüsebrühe)
100 ml Pflanzensahne (siehe S. 186 f.)
1/2 TL Reismalz (oder 1 TL Agavendicksaft; siehe S. 186 f.)
Salz | schwarzer Pfeffer aus der Mühle
1 Prise frisch geriebene Muskatnuss
1 Bio-Zitrone

FÜR 2 PERSONEN
Zubereitungszeit: ca. 30 Min.
Pro Portion ca. 430 kcal, 21 g EW, 30 g F, 12 g KH

1 Den Wirsing von den äußeren Blättern befreien, waschen, putzen und vierteln. Den Strunk herausschneiden, die Viertel noch einmal längs halbieren und quer in mundgerechte Stücke schneiden. Die Zwiebel schälen und fein würfeln.

2 Den Räuchertofu in ca. 1 cm große Würfel schneiden. 1 EL Olivenöl in einer Pfanne erhitzen und den Tofu darin in ca. 3 Min. bei großer Hitze kross braten. Den Tofu herausnehmen und beiseitestellen.

3 Das übrige Öl in die Pfanne geben und den Wirsing darin ca. 4 Min. anbraten. Die Zwiebel zufügen und ca. 1 Min. glasig dünsten. Mit Weißwein oder Brühe und Pflanzensahne ablöschen, mit Reismalz, Salz, Pfeffer und Muskat würzen und das Gemüse zugedeckt ca. 20 Min. bei mittlerer Hitze köcheln lassen.

4 Die Zitrone heiß abwaschen, trocknen, die Schale fein abreiben und den Saft auspressen. Das fertige Gemüse vom Herd nehmen und erst einmal die Hälfte von Zitronenschale und -saft unterrühren. Nach Geschmack mit Salz, Pfeffer und weiterer Zitrone abschmecken. Kurz vor dem Servieren die Tofuwürfel unterheben.

MEINE GENUSS- UND PRAXISTIPPS

Dazu passen Salzkartoffeln, frisches Brot oder Reis (am besten Vollkornreis).

Das Rezept lässt sich mit Spitzkohl oder Chinakohl ebenso gut zubereiten. Limette anstelle der Zitrone gibt einen etwas herberen Geschmack, den ich in diesem Gericht ebenfalls mag.

Wussten Sie übrigens, dass Essig und Weißwein, ja sogar Fruchtsäfte nicht immer vegan sind? Die klaren Flüssigkeiten werden oft mit Gelatine, Fischblase oder Tierkohle »geschönt«. Dass das nicht sein muss, zeigen viele Hersteller, die auf eine Filterung ohne diese Stoffe zurückgreifen. Sie finden diese Hersteller leicht im Internet. Bei Wein ist fehlende Schönung sogar ein Qualitätsmerkmal, denn solchen Produkten gibt der Winzer genug Zeit, um Schwebstoffe von selbst absinken zu lassen.

KROSS GEBRATENER RÄUCHERTOFU UND RAHMIGER WIRSING, EINER MEINER WINTERFAVORITEN! UND MIT DEM FRISCHEN ZITRONENAROMA SCHMECKT SOGAR EIN KLEIN BISSCHEN DER SOMMER HERVOR.

GULASCH

WIE VON OMA UND OPA

HAUSMANNSKOST VEGANISIERT

1 l Gemüsebrühe
200 g Sojawürfel (siehe S. 186 f.)
400 g rote Paprikaschoten
200 g Tomaten
1 große Zwiebel
1/2–1 frische rote Chilischote (nach Belieben)
3 EL neutrales Pflanzenöl
3 EL Tomatenmark
3 EL Sojasauce
200 ml trockener Rotwein
50 ml Gurkensud (von den Gewürzgurken)
6 große Gewürzgurken
Salz
schwarzer Pfeffer aus der Mühle

FÜR 4 PERSONEN

Zubereitungszeit: ca. 30 Min.
Garzeit: ca. 25 Min.
Pro Portion ca. 320 kcal, 26 g EW, 9 g F, 21 g KH

1 Die Brühe in einem Topf aufkochen und die Sojawürfel darin ca. 10 Min. garen.

2 Inzwischen die Paprika putzen, waschen und in mundgerechte Stücke schneiden. Die Tomaten waschen, halbieren, die Stielansätze und Kerne entfernen und das Fruchtfleisch grob würfeln. Die Zwiebel schälen und in kleine Würfel schneiden. Die Chili waschen, putzen, halbieren und je nach gewünschter Schärfe mit oder ohne Samen fein würfeln.

3 Die Sojawürfel in ein Sieb abgießen, dabei die Brühe auffangen. Die Sojawürfel etwas abkühlen lassen und gut zwischen den Händen ausdrücken. Sie sollten so trocken wie möglich sein.

4 In einer großen beschichteten Pfanne 2 EL Öl erhitzen. Die Sojawürfel darin ca. 5 Min. bei großer Hitze scharf anbraten. Die Zwiebelwürfel hinzufügen und bei mittlerer Hitze in ca. 1 Min. glasig anschwitzen.

5 In einem weiten Topf den übrigen EL Öl erhitzen, die Sojawürfel-Mischung und das Tomatenmark hinzugeben und alles ca. 3 Min. anrösten, dann mit der aufgefangenen Brühe ablöschen. Sojasauce, Rotwein, Gurkensud und Chili (falls verwendet) zufügen und alles aufkochen. Tomaten und Paprika zugeben und alles ca. 25 Min. auf kleinster Hitze bei geschlossenem Deckel leise köcheln lassen.

6 Die Gurken würfeln und 5 Min. vor Ende der Garzeit zum Gulasch geben. Das fertige Gulasch mit Salz und Pfeffer abschmecken. Dazu passen Nudeln oder Salzkartoffeln und Rotkohl (siehe S. 149).

MEIN GENUSSTIPP

Die Röstaromen sind der Trick für vollen Geschmack: Beim Anbraten des Tomatenmarks wird Geduld belohnt. Löschen Sie wirklich erst ab, wenn das Tomatenmark bräunlich geworden ist!

OB ALS KIND ODER HEUTE: ICH BIN GULASCHFAN! MEIN OPA, DER METZGER, HAT DAS GULASCH FRÜHER NATÜRLICH MIT FLEISCH GESCHMURGELT. AUF DIE VEGANE ART SCHMECKT ES MIR ABER GENAUSO GUT WIE DAMALS.

TEMPEH-PFANNE

MIT MANDELSAHNE

FÜR DIE TEMPEH-PFANNE

Salz
120 g Wildreis (oder Vollkornreis)
200 g Zuckerschoten
2 gelbe oder rote Paprikaschoten
100 g Kirschtomaten
1 Zweig frischer Rosmarin
(oder 1/2 TL gemahlener, getrockneter Rosmarin)
200 g Tempeh (siehe S. 186 f.)
6 EL Olivenöl
schwarzer Pfeffer aus der Mühle
1 TL Agavendicksaft (siehe S. 186 f.)

FÜR DIE SAUCE

1 EL weißes Mandelmus (siehe S. 186 f.)
1 Prise Salz
1 Msp. Bourbon-Vanillepulver

FÜR 2 PERSONEN

Zubereitungszeit: ca. 45 Min.
Pro Portion ca. 660 kcal, 28 g EW, 34 g F, 61 g KH

1 In einem Topf reichlich Salzwasser zum Kochen bringen. Inzwischen den Wildreis waschen, in einem zweiten Topf in reichlich Salzwasser aufkochen und ca. 5 Min. sprudelnd kochen. Danach zugedeckt ca. 35 Min. bei kleinster Hitze köcheln lassen.

2 Inzwischen die Zuckerschoten putzen, in dem sprudelnd kochenden Salzwasser 1 Min. blanchieren, abgießen und mit eiskaltem Wasser abschrecken. Die Paprika putzen, waschen und in mundgerechte Stücke schneiden. Die Kirschtomaten waschen und halbieren, nach Belieben die Stielansätze herausschneiden. Den Rosmarin waschen, trocken schütteln, die Nadeln abstreifen und fein hacken.

3 Den Tempeh quer in 0,5 cm dicke Scheiben schneiden und in dem Öl in einer Pfanne in ca. 6 Min. bei mittlerer Hitze goldbraun anbraten. Dann Paprika, Zuckerschoten und Rosmarin zugeben und alles 3 Min. unter Rühren mitbraten. Jetzt die Kirschtomaten hinzugeben, das Gemüse mit Salz, Pfeffer und Agavendicksaft abschmecken und vom Herd nehmen.

4 Für die Sauce in einem kleinen Topf 100 ml Wasser mit dem Mandelmus glatt rühren, salzen, aufkochen und ca. 2 Min. bei kleiner Hitze köcheln lassen. Mit der Vanille würzen.

5 Sobald der Wildreis gar ist, falls nötig restliches Wasser abgießen. Den Reis auf einem Teller anrichten, das Gemüse und den Tempeh darübergeben und alles mit der Sauce beträufeln.

MEINE TAUSCHTIPPS

Ebenfalls gut: Vollkornspaghetti anstelle von Reis!

Die Mandelsauce passt übrigens auch perfekt zu süßlichem Gemüse wie Möhren oder Pastinaken.

TEMPEH SCHMECKT GUT, TEMPEH TUT GUT: WEGEN DER BESONDEREN HERSTELLUNGSART KANN DAS EIWEISS AUS DER SOJABOHNE RICHTIG GUT AUFGENOMMEN WERDEN.

SZECHUAN-SEITAN

MIT GEBRATENEM GEMÜSE

PRICKELND SCHARF

FÜR DEN SZECHUAN-SEITAN

500 g Seitan (fertig gekauft oder selbst gemacht, siehe S. 186 f. und Grundrezept S. 16)
3 EL geröstetes Sesamöl
2 TL Szechuanpfeffer (siehe Tipp)
200 ml Seitansud (vom selbst gemachten Seitan; ersatzweise Gemüsebrühe)
1 EL Agavendicksaft (siehe S. 186 f.)
1 EL Reisessig (ersatzweise 2 TL milder Weißweinessig)
2 EL Ketchup
Salz

FÜR DAS GEMÜSE

1 Salatgurke
200 g frische Ananas
1 rote Paprikaschote
1 Stange Lauch
2 EL geröstetes Sesamöl
2 Stängel Koriander
4 Stängel Minze
Salz

FÜR 4 PERSONEN

Zubereitungszeit: ca. 30 Min.
Pro Portion ca. 335 kcal, 28 g EW, 14 g F, 21 g KH

MEIN EINKAUFSTIPP

Szechuan-, Sichuan- oder Chinesischen Pfeffer bekommen Sie in gut sortierten Supermärkten im Gewürzregal oder im Regal mit den asiatischen Spezialitäten. Wenn Sie ihn dort nicht finden, versuchen Sie es am besten im Asienladen. Schwarzer Pfeffer ist kein Ersatz – er ist auch gar nicht mit diesem pikant-aromatischen Gewürz verwandt.

1 Für den Szechuan-Seitan den Seitan in ca. 1 cm breite Streifen schneiden. Das Sesamöl in einer Pfanne erhitzen und die Seitanstreifen darin von beiden Seiten ca. 4 Min. bei mittlerer Hitze anbraten.

2 Den Szechuanpfeffer zugeben und ca. 1 Min. mitrösten. Mit Seitansud oder Brühe ablöschen und Agavendicksaft, Reisessig und Ketchup einrühren. Alles aufkochen und mit geschlossenem Deckel ca. 15 Min. bei kleiner Hitze schmoren.

3 Inzwischen für das Gemüse die Gurke schälen, halbieren und die Kerne mit einem Löffel herauskratzen. Das Fruchtfleisch in Scheiben schneiden. Die Ananas in Würfel schneiden. Die Paprika putzen, waschen und in Streifen schneiden. Den Lauch putzen, längs aufschlitzen, gründlich waschen und in sehr feine Ringe schneiden.

4 Das Sesamöl in einer Pfanne erhitzen und Gurke und Ananas darin bei großer Hitze ca. 6 Min. goldbraun anbraten. Die Paprikastreifen hinzugeben und weitere 2 Min. unter Rühren mitbraten. Zum Schluss den Lauch zufügen und den Herd sofort ausschalten.

5 Koriander und Minze waschen, trocken schütteln und die Blättchen hacken. Die Kräuter unterheben und das Gemüse mit Salz abschmecken. Den geschmorten Seitan ebenfalls noch einmal mit Salz abschmecken und mit dem Gemüse servieren.

KÖNIGSBERGER KLOPSE

SCHMECKEN DER GANZEN FAMILIE

FÜR DIE KLOPSE

400 g Seitan (fertig gekauft oder selbst gemacht, siehe S. 186 f. und Grundrezept S. 16)
1 Weizenbrötchen
1 mittelgroße Zwiebel
1 EL neutrales Pflanzenöl
2 EL Hefeflocken (siehe S. 186 f.)
2 TL Agar-Agar (siehe S. 186 f.; falls nötig mehr)
1 TL Speisestärke
1 EL Weizenmehl (falls nötig mehr)

FÜR DIE SAUCE

650 ml Gemüsebrühe
3 Lorbeerblätter
1 EL vegane Margarine (siehe S. 186 f.)
2 EL Weizenmehl
100 ml Weißwein (ersatzweise 100 ml Wasser und 1–2 EL Weißweinessig)
30 g Kapern
5 EL Pflanzensahne (siehe S. 186 f.)
Kapernsud
1 EL Agavendicksaft (siehe S. 186 f.)
Salz | gemahlener weißer Pfeffer

FÜR 4 PERSONEN

Zubereitungszeit: ca. 1 Std.
Pro Portion ca. 310 kcal, 27 g EW, 8 g F, 26 g KH

MEIN BEILAGENTIPP

Richtig rund wird dieses Gericht mit einem frischen Rohkostsalat. Probieren Sie doch einmal den Rote-Bete-Salat von S. 53 oder den fruchtigen Fenchelsalat von S. 52.

1 Für die Klopse den Seitan in grobe Stücke schneiden. Das Brötchen grob würfeln, 5 Min. in Wasser einweichen und gut ausdrücken. Beides in der Küchenmaschine zu einer bröseligen Masse verarbeiten.

2 Die Zwiebel schälen und fein würfeln. In einer kleinen Pfanne das Öl erhitzen und die Zwiebelwürfel darin in 2–3 Min. glasig anschwitzen.

3 Die Zwiebelwürfel zusammen mit Hefeflocken, Agar-Agar, Stärke und Mehl in die Seitanmasse rühren und alles in der Küchenmaschine gut vermischen. Sollte sich der Teig nicht fest genug anfühlen, noch etwas Agar-Agar und Mehl hinzugeben. Zwölf golfballgroße Klöße formen, dabei gut zusammendrücken und bis zum Garen in den Kühlschrank stellen.

4 Für die Sauce die Gemüsebrühe mit den Lorbeerblättern aufkochen und die Hitze reduzieren. Die Klöße hineingeben, bei kleinster Hitze ca. 15 Min. ziehen lassen und mit einem Schaumlöffel herausnehmen.

5 In einem weiten Topf die Margarine schmelzen, das Mehl einrühren und goldgelb anschwitzen, aber nicht braun werden lassen. Mit dem Weißwein und der Gemüsebrühe ablöschen und bei mittlerer Hitze ca. 5 Min. köcheln lassen. Kapern und Sahne zugeben und die Sauce mit Kapernsud (Menge nach Geschmack), Agavendicksaft, Salz und Pfeffer pikant abschmecken.

6 Die Klöße zurück in die Sauce geben und kurz ziehen lassen. Vor dem Servieren die Lorbeerblätter entfernen. Dazu passen Salzkartoffeln.

MANCHE AROMEN BEGLEITEN MICH SCHON EIN LEBEN LANG – ZUM BEISPIEL DER DUFT

UND GESCHMACK VON KÖNIGSBERGER KLOPSEN. DIE SIND FÜR MICH HEIMWEHKÜCHE PUR!

DAS SCHÖNE IST: ICH MUSS SIE AUCH ALS VEGANERIN NICHT MISSEN.

KLASSIKER NEU ARRANGIERT

PIZZAKNÖDEL

MIT FENCHEL-TOMATENSAUCE

FÜR DIE KNÖDEL
200 g Weißbrot oder Brötchen
150 ml Sojamilch (siehe S. 186 f.)
3 EL Hefeflocken (siehe S. 186 f.)
1 EL Sojamehl (siehe S. 186 f.)
TL Salz
6 Zweige mediterrane Kräuter (Rosmarin, Salbei, Thymian; ersatzweise je 1 TL getrockneter Thymian und Rosmarin)
200 g Räuchertofu
150 g getrocknete Tomaten
1 Zwiebel
2 EL neutrales Pflanzenöl

FÜR DIE SAUCE
1 Fenchelknolle
1 EL Olivenöl
50 g Pflanzensahne (siehe S. 186 f.)
200 g stückige Tomaten (aus der Dose)
Salz | schwarzer Pfeffer aus der Mühle
1 Prise Zucker

FÜR 2 PERSONEN
Zubereitungszeit: ca. 40 Min.
Pro Portion ca. 825 kcal, 42 g EW, 38 g F, 70 g KH

MEIN TAUSCHTIPP

Diese würzigen Knödel lassen sich immer wieder abwandeln: Nur Weißbrot, Sojamilch und -mehl und Salz sind notwendig. Die Kräuter und Würzzutaten können Sie nach Lust und Laune variieren..

1 Für die Knödel das Weißbrot oder Brötchen in kleine Würfel schneiden. Sojamilch, Hefeflocken, Sojamehl und 2 gestrichene TL Salz hinzugeben und alles gut zu einem Teig vermengen.

2 Die Kräuter waschen, trocken schütteln und die Blättchen bzw. Nadeln fein hacken. Den Räuchertofu und die getrockneten Tomaten in kleine Würfel schneiden. Die Zwiebel schälen und ebenfalls fein würfeln.

3 Das Öl in einer Pfanne erhitzen und zunächst den Tofu darin in ca. 2 Min. bei mittlerer Hitze kross braten. Die Zwiebelwürfel und die getrockneten Tomaten zugeben und 1 weitere Min. mitbraten. Zusammen mit den Kräutern zur Brotmasse geben und alles gut vermischen.

4 In einem Topf reichlich Wasser zum Kochen bringen. Mit feuchten Händen aus der Brotmasse golfballgroße Knödel formen und in das kochende Wasser geben. Die Hitze reduzieren und die Knödel bei kleinster Hitze in 10–15 Min. gar ziehen lassen. Wenn sie an die Oberfläche steigen, sind sie fertig.

5 Inzwischen für die Sauce den Fenchel waschen, putzen, halbieren und den harten Strunk entfernen. Die Hälften in dünne Scheiben schneiden. Das Öl in einer Pfanne erhitzen und den Fenchel darin ca. 1 Min. bei großer Hitze anbraten. Die Pflanzensahne und die stückigen Tomaten zugeben. Die Sauce ca. 10 Min. bei kleiner Hitze köcheln lassen, dabei ab und an umrühren.

6 Die fertigen Knödel mit einem Schaumlöffel aus dem Wasser heben und etwas abtropfen lassen. Die Sauce mit Salz, Pfeffer und etwas Zucker abschmecken und zu den Knödeln servieren.

TYPISCHER GESCHMACK, KOMPLETT ANDERE FORM:

ICH LIEBE DAS ÜBERRASCHUNGSMOMENT IN DIESEN KUGELRUNDEN MINI-»PIZZEN«.

BURRITO BOWL

MIT ZITRONEN-SOJAWÜRFELN

TEX-MEX-KÜCHE

FÜR GEMÜSE UND SOJAWÜRFEL
500 g Süßkartoffeln
6 EL Olivenöl
Salz
3 Maiskolben
140 g Sojawürfel (siehe S. 186 f.)
200 g Romana- oder Eisbergsalat
400 g Zucchini
400 g schwarze Bohnen
(aus der Dose; ersatzweise Kidneybohnen)
2 EL Sojasauce
2 1/2 TL Kudzu (siehe S. 186 f.)
1 1/2 Bio-Zitronen
1 EL Agavendicksaft (siehe S. 186 f.)

FÜR DIE SALSA
400 g Paprikaschoten
1 Zitrone
3 Stängel Koriander
1 kleine frische Chilischote
1 EL Weißweinessig
1 EL Agavendicksaft (siehe S. 186 f.)
Salz

AUSSERDEM
Backpapier für das Blech
Guacamole (siehe S. 100)
4 große Weizentortillas

FÜR 4 PERSONEN
Zubereitungszeit: ca. 45 Min.
Pro Portion ca. 960 kcal, 36 g EW, 45 g F, 98 g KH

1 Für das Gemüse den Backofen auf 170° vorheizen (Umluft 150° ohne Vorheizen). Die Süßkartoffeln putzen, schälen und in 3 cm große Würfel schneiden. Mit 2 EL Olivenöl vermischen, salzen und auf einem Blech mit Backpapier im heißen Ofen (Mitte) ca. 30 Min. backen. Inzwischen die Maiskolben in je 4 Teile schneiden und ca. 20 Min. bei kleiner Hitze in Salzwasser garen. Die Sojawürfel in reichlich Wasser 3 Min. kochen, abgießen und auf einem Sieb abkühlen lassen.

2 Für die Salsa die Paprika putzen, waschen und sehr fein würfeln. Die Zitrone auspressen. Den Koriander waschen, trocken schütteln und die Blättchen abzupfen. Ein paar zum Garnieren zurücklegen, den Rest hacken. Die Chili putzen, waschen und (je nach gewünschter Schärfe) mit oder ohne Samen sehr fein hacken. Mit gehacktem Koriander, Paprika, Essig, Agavendicksaft und 3 EL Zitronensaft vermengen und mit Salz abschmecken.

3 Für das Gemüse den Salat waschen, putzen, trocken schleudern und in Streifen schneiden. Die Zucchini in Scheiben schneiden und in 1 EL Olivenöl 2 Min. anbraten. Die Bohnen abgießen und mit 3 EL Wasser und der Sojasauce aufkochen. Vom Herd nehmen, 1/2 TL Kudzu zerdrücken, mit 1 EL Wasser glatt rühren und zu den Bohnen geben. Gut umrühren und warm halten.

4 Die Sojawürfel gut ausdrücken. Die Zitronen heiß abwaschen, die Schale abreiben und den Saft auspressen. Übriges Kudzu mit Zitronenschale und Zitronensaft in einer großen Schüssel zerstoßen. Agavendicksaft und Sojawürfel gut unterheben. Die Mischung salzen und in 3 EL Olivenöl bei mittlerer Hitze ca. 5 Min. anbraten.

5 Gemüse, Guacamole und Sojawürfel auf vier Schüsseln verteilen, mit Salat und übrigen Korianderblättchen garnieren und die Tortillas dazu servieren.

POLNISCHE PIROGGEN

MIT SPINAT-»BRATWURST«-FÜLLUNG

POLNISCHE KÜCHE PFLANZLICH

FÜR DEN TEIG

150 g Seidentofu (siehe S. 186 f.)
150 g weiche vegane Margarine (siehe S. 186 f.)
250 g Weizenmehl
(Type 405, falls nötig mehr)
1/2 TL Salz

FÜR DIE FÜLLUNG

400 g Spinat
2 Zwiebeln
2 vegane Bratwürste (Seitan oder Tofu)
2 EL neutrales Pflanzenöl
frisch geriebene Muskatnuss
Salz | schwarzer Pfeffer aus der Mühle

AUSSERDEM

Weizenmehl für die Arbeitsfläche
Backpapier für das Blech
4 EL Sojamilch (siehe S. 186 f.) zum Bestreichen

FÜR 4 PERSONEN

Zubereitungszeit: ca. 1 Std.
Backzeit: ca. 25 Min.
Pro Portion ca. 760 kcal, 19 g EW, 53 g F, 52 g KH

1 Für den Teig den Seidentofu mit einem Pürierstab glatt pürieren. Weiche Margarine, Mehl und Salz hinzugeben und alles verkneten. Den Teig zugedeckt ca. 30 Min. kalt stellen.

2 Inzwischen für die Füllung den Spinat gründlich waschen, Wurzeln und grobe Stängel entfernen, die Blätter trocken schleudern und grob hacken. Die Zwiebeln schälen und fein würfeln. Die veganen Bratwürste mit einer Gabel zerbröseln oder mit einem Messer klein hacken.

3 Das Öl in einer Pfanne erhitzen, Bratwurst und Zwiebelwürfel zugeben und alles bei mittlerer Hitze ca. 4 Min. anbraten, bis die Zwiebeln goldbraun sind. Den Spinat hinzufügen, den Deckel auflegen und den Spinat in ca. 2 Min. zusammenfallen lassen. Zwischendurch umrühren. Die Füllung mit Muskat, Salz und Pfeffer würzig abschmecken.

4 Den Backofen auf 190° vorheizen (Umluft 170° ohne Vorheizen). Den Teig auf der bemehlten Arbeitsfläche nochmals durchkneten. Falls er noch klebt, noch etwas Mehl unterarbeiten.

5 Die Teigmenge vierteln und jedes Viertel zu einem runden, ca. 0,5 cm dicken Fladen ausrollen (oder mit den Fingern flach und rund drücken). Die Füllung jeweils auf der Hälfte der Fladen verteilen und die andere Teighälfte halbmondartig darüberklappen. Die Ränder gut andrücken, beispielsweise mit einer Gabel.

6 Die Piroggen auf ein mit Backpapier ausgelegtes Blech legen und mit der Sojamilch bestreichen. Im heißen Backofen (Mitte) in ca. 25 Min. goldbraun backen.

MEIN TAUSCHTIPP

Die veganen Bratwürste in der Füllung können Sie problemlos auch durch Räuchertofu ersetzen.

POLNISCHE GERICHTE WIE DIESE PIROGGEN HABEN IN UNSERER FAMILIE TRADITION.

DEN TEIG DAFÜR HAT MEINE GROSSMUTTER FRÜHER LIEBEVOLL

MIT QUARK GEKNETET. UND WAS SAGT DIE VEGANISTA DAZU? »GELOBT SEI DER SEIDENTOFU!«

PIZZA

TRICOLORE

WIE AUS DEM STEINOFEN

FÜR DEN TEIG
240 g Weizenmehl (Type 405)
2 TL Trockenhefe | 2 Msp. Zucker | 2 Msp. Salz

FÜR DIE TOMATENSAUCE
300 g stückige Tomaten (aus der Dose)
2 TL getrocknete mediterrane Kräuter
(z. B. Kräuter der Provence)
2 TL Agavendicksaft (siehe S. 186 f.)
Salz | schwarzer Pfeffer aus der Mühle

FÜR DEN BELAG
150 g Brokkoli | Salz
100 g Kirschtomaten
100 g Räuchertofu | 1 EL Olivenöl

AUSSERDEM
gusseiserne oder Eisenpfanne (Ø ca. 26 cm)
Weizenmehl für die Arbeitsfläche
8 EL Cashew-»Ricotta« (siehe Rezept S. 61)

FÜR 2 PERSONEN
Zubereitungszeit: ca. 1 Std.
Backzeit: 2 x ca. 12 Min.
Pro Portion ca. 860 kcal, 37 g EW, 29 g F, 112 g KH

1 Für den Pizzateig alle Zutaten mit 120 ml lauwarmem Wasser zu einem Teig verkneten und abgedeckt an einem warmen Ort ca. 35 Min. gehen lassen.

2 Inzwischen für die Tomatensauce die stückigen Tomaten mit Kräutern und Agavendicksaft verrühren und sehr kräftig mit Salz und Pfeffer abschmecken. Die Sauce darf ruhig etwas überwürzt sein.

3 Für den Belag den Brokkoli putzen, waschen und in kleine Röschen teilen. Die Röschen in sprudelnd kochendem Salzwasser ca. 1 Min. blanchieren, danach sofort mit eiskaltem Wasser abschrecken und abtropfen lassen. Die Tomaten waschen und halbieren, nach Belieben den Stielansatz entfernen.

4 Den Räuchertofu in dünne Scheiben schneiden und in einer Pfanne in dem Öl ca. 1 Min. von beiden Seiten bei mittlerer Hitze anbraten.

5 Die Pfanne in den Backofen stellen und auf höchster Stufe 10–15 Min. im Backofen erhitzen. In dieser Zeit den Teig halbieren und auf der bemehlten Arbeitsfläche zwei Fladen ungefähr in Pfannengröße drücken.

6 Die Pfanne aus dem Ofen nehmen, einen Fladen hineinlegen und mit Tomatensauce bestreichen. Mit einem Teelöffel die Hälfte des »Ricottas« in kleinen Häufchen daraufsetzen, die Pizza mit der Hälfte der restlichen Zutaten belegen und 10–12 Min. im heißen Ofen (Mitte) backen. In den letzten 3 Min. die Grillfunktion zuschalten, falls vorhanden. Die zweite Pizza ebenso belegen und backen.

MEIN TAUSCHTIPP

Statt Cashew-»Ricotta« können Sie für die Pizza auch Hefeschmelz verwenden: Für 2 Pizzas 6 EL Hefeflocken mit 4 EL Pflanzenmilch (z. B. Soja- oder Reismilch), 1/2 TL Salz, 1 Msp. Knoblauchgranulat, 1 EL Zitronensaft und 1/2 TL Senf vermischen. Falls Sie nicht den gesamten Hefeschmelz verbrauchen: Er hält sich 4–5 Tage im Kühlschrank.

ENDLICH PIZZA WIE BEIM ITALIENER! DER TRICK MIT DER EISENPFANNE SORGT DAFÜR, DASS DER TEIG RICHTIG KNUSPRIG WIRD. DAZU DER SAFTIGE, WÜRZIGE BELAG OBENAUF: MAMMA MIA!

DEFTIGES FÜR DIE GRILLPARTY

BURGER-PATTIES

HOME-MADE

80 g grobe Sojaschnetzel (siehe S. 186 f.)
1 Zwiebel
1 Knoblauchzehe
200 g Seitan (fertig gekauft oder selbst gemacht, siehe S. 186 f. und Grundrezept S. 16)
1/2 TL Rauchsalz (siehe S. 186 f.)
1/2 TL gemahlener Bockshornkleesamen (Bioladen, Gewürzregal)
2 Msp. gemahlener Kreuzkümmel (Cumin)
1 EL Senf
1 EL Ketchup
2 EL BBQ-Sauce oder 1 gestrichener TL BBQ-Gewürz
3 EL Olivenöl
2 EL Sojasauce
1 TL Agavendicksaft (siehe S. 186 f.)
4 EL Semmelbrösel (bei Bedarf mehr)
2 gehäufte TL Speisestärke
3 TL Agar-Agar (siehe S. 186 f.)
Salz

AUSSERDEM

4 EL neutrales Pflanzenöl zum Braten

FÜR 8–10 BURGER

Zubereitungszeit: ca. 35 Min.
Bei 10 Burgern pro Stück ca. 150 kcal, 9 g EW, 9 g F, 8 g KH

1 Die Sojaschnetzel in einer Schüssel mit 300 ml kochendem Wasser übergießen und 2 Min. ziehen lassen. Zwiebel und Knoblauch schälen und fein würfeln. Den Seitan in grobe Stücke schneiden.

2 Die Sojaschnetzel in ein Sieb abgießen, abtropfen lassen, gut ausdrücken und zusammen mit allen Zutaten bis auf Semmelbrösel, Stärke und Agar-Agar in der Küchenmaschine oder im Mixer pürieren. Es soll eine eher grobkörnige, aber homogene Masse entstehen.

3 Zum Schluss Semmelbrösel, Stärke und Agar-Agar unterarbeiten und die Masse mit Salz abschmecken. Falls sie zu feucht ist, noch mehr Semmelbrösel zugeben.

4 Aus der Masse mit feuchten Händen 8–10 flache Burger formen. In einer Pfanne die Burger portionsweise in jeweils 1 TL Öl bei mittlerer Hitze von jeder Seite ca. 8 Min. anbraten.

MEINE PRAXIS- UND GENUSSTIPPS

Die Burger profitieren davon, eine Nacht im Kühlschrank durchzuziehen, denn dann bekommen sie eine festere Konsistenz.

Dieses Rezept ist gleich auf Vorrat berechnet, denn die Burger lassen sich nach dem Anbraten sehr gut portionsweise einfrieren und bei Bedarf auftauen.

Ich serviere sie gerne wie klassische Buletten oder Fleischpflanzerl zu Kartoffelstampf und Bratensauce. Sie eignen sich aber auch in Scheiben geschnitten als Topping auf einem bunten Salat oder als richtiger, klassischer Burger in einem Brötchen mit Salat, Tomate, Ketchup und veganer Mayonnaise (siehe Tipp S. 64). (Wer sie grillen möchte, sollte sie erst kurz anbraten und dann erst auf den Grill geben.) Und schließlich sind sie toll zum Mitnehmen – sie schmecken nämlich auch kalt!

DIE SOJASCHNETZEL-MASSE IST NICHT NUR FÜR BURGER-
PATTIES ZU HABEN: SIE KÖNNEN ZUM BEISPIEL AUCH HACKSPIESSE
DARAUS FORMEN, ODER KLEINE KUGELN ODER …

AUFGEKOCHT!

VEGAN SCHLEMMEN

LADEN SIE IHRE LIEBSTEN EIN UND FREUEN SIE SICH AUF BESTES ESSEN UND ZUFRIEDENE GESICHTER. DENN MIT DIESEN REZEPTEN FÜR GÄSTE UND FESTE WIRD NIEMAND AM TISCH ETWAS VERMISSEN. ICH HÖRE IMMER NUR: »GIBT'S DAVON NOCH MEHR?«

RAFFINIERTE FRÜHJAHRS-KÜCHE

CONCHIGLIONI

MIT SPARGEL-DILL-SAUCE

500 g weißer Spargel
2 mittelgroße Mairübchen
300 g Conchiglioni (Muschelnudeln)
Salz
1 EL vegane Margarine (siehe S. 186 f.)
2 EL weißes Mandelmus (siehe S. 186 f.)
1 Bund Dill
1 Bio-Limette
1 EL Agavendicksaft (siehe S. 186 f.)
gemahlener weißer Pfeffer

FÜR 2 PERSONEN
Zubereitungszeit: ca. 25 Min.
Pro Portion ca. 775 kcal, 26 g EW, 15 g F, 130 g KH

1 Den Spargel schälen, holzige Enden abschneiden und die Stangen in feine Scheiben schneiden. Die Mairübchen mit einer Gemüsebürste unter Wasser abbürsten, die Stielansätze entfernen und die Rübchen in feine Würfel schneiden.

2 Die Nudeln in reichlich Salzwasser nach Packungsanweisung kochen.

3 Inzwischen in einem Topf die Margarine schmelzen, Spargel und Mairübchen hinzugeben und das Gemüse ca. 1 Min. bei mittlerer Hitze anbraten.

4 Von dem Nudelwasser ca. 250 ml (entspricht ungefähr einem Kaffeebecher voll) abnehmen und das Mandelmus darin verrühren. Die Mischung zum Gemüse geben, aufkochen und alles bei geschlossenem Deckel ca. 10 Min. bei kleiner Hitze köcheln lassen.

5 Den Dill waschen, trocken schütteln und fein hacken. Die Limette heiß abwaschen und trocknen. Die Schale abreiben und den Saft auspressen. Das Gemüse mit Limettenschale, Limettensaft und Agavendicksaft würzen und mit Salz und Pfeffer abschmecken.

6 Die Nudeln abgießen und abtropfen lassen. Falls die Sauce zu dick ist, etwas von dem Kochwasser auffangen und unter das Gemüse rühren. Den Dill kurz vor dem Servieren unterheben und das Gemüse zu den Conchiglioni servieren.

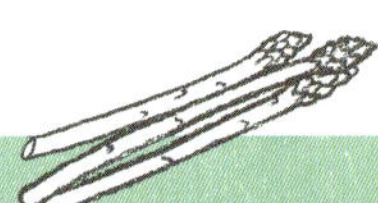

MEIN TAUSCHTIPP

Das Rezept funktioniert außerhalb der Spargelsaison auch mit Schwarzwurzeln. Sie finden keine Conchiglioni? Kein Problem! Verwenden Sie stattdessen Farfalle oder Rigatoni. Diese Sorten nehmen ebenfalls viel Sauce auf.

CONCHIGLIONI SEHEN AUS WIE MUSCHELN, SIND ABER NUDELN.

UND NICHT NUR HÜBSCH ANZUSEHEN, SONDERN AUCH ÄUSSERST SAUCENFREUNDLICH!

EDLES AUS DEM OFEN

GEFÜLLTE KARTOFFELN

MIT ZITRONENVINAIGRETTE

FÜR DIE KARTOFFELN
6 große (vorwiegend) festkochende Kartoffeln
Salz
300 g Austernpilze
1 Zwiebel
100 g vegane Margarine (siehe S. 186 f.)
125 ml Weißwein
1 EL Hefeflocken (siehe S. 186 f.)
schwarzer Pfeffer aus der Mühle

FÜR DIE VINAIGRETTE
1 Bio-Zitrone
1 Bund Petersilie
3 EL Olivenöl
Salz
schwarzer Pfeffer aus der Mühle

AUSSERDEM
Backpapier für das Blech

FÜR 4 PERSONEN
Zubereitungszeit: ca. 40 Min.
Pro Portion ca. 380 kcal, 6 g EW, 28 g F, 21 g KH.

1 Die Kartoffeln schälen, längs halbieren und in ca. 10 Min. in reichlich Salzwasser halb gar kochen.

2 Inzwischen die Austernpilze putzen, falls nötig trocken abreiben und dann grob zerteilen. Die Zwiebel schälen und würfeln. 1 El von der Margarine in einer Pfanne erhitzen und darin die Zwiebelwürfel und Pilze ca. 4 Min. bei mittlerer Hitze anbraten, bis beides leicht gebräunt ist. Mit dem Weißwein ablöschen und ca. 1 Min. köcheln lassen. Die Pfanne vom Herd nehmen.

3 Den Backofen auf 200° vorheizen (Umluft 180° ohne Vorheizen). Das Kartoffelwasser abgießen und die Kartoffelhälften mit einem Teelöffel etwas aushöhlen. Die dabei anfallende Kartoffelmasse zusammen mit der Pilz-Zwiebel-Mischung, der übrigen Margarine und den Hefeflocken in einem Mixer oder mit dem Pürierstab glatt pürieren, mit Salz und Pfeffer abschmecken und in die Höhlungen der Kartoffeln füllen.

4 Die gefüllten Kartoffeln auf ein Blech mit Backpapier setzen und ca. 20 Min. im heißen Ofen (Mitte) backen. In den letzten 5 Min. der Backzeit den Grill zuschalten, falls vorhanden.

5 Inzwischen für die Vinaigrette die Zitrone heiß abwaschen, trocknen, die Schale fein abreiben und den Saft auspressen. Die Petersilie waschen, trocken schütteln, die Blättchen abzupfen und fein hacken. Die Petersilie mit Zitronensaft und -schale, Olivenöl, Salz und Pfeffer vermischen. Zugedeckt ziehen lassen, bis die Kartoffeln fertig sind, und kurz vor dem Servieren über die Kartoffelhälften träufeln.

MEIN GENUSSTIPP

Diese gefüllten Kartoffeln schmecken auch kalt richtig gut – das macht sie zum idealen Snack für unterwegs. Fein auch als Füllung für den Picknickkorb!

GEFÜLLTE KARTOFFELN MIT ZITRONENVINAIGRETTE – EIN EDELGERICHT MIT ANGENEHM WENIG ZUTATEN. FEINE KÜCHE IN BESTFORM EBEN!

GLASIERTER TEMPEH

----- MIT VANILLEMÖHREN -----

MIT FEINER VANILLE-NOTE

1/2 Bio-Zitrone
3 EL Himbeeren (frisch oder TK)
3 EL Walnussöl
1 EL Aceto balsamico
1 TL Agavendicksaft (siehe S. 186 f.)
Salz
3 Möhren
2 Handvoll Feldsalat
5 EL neutrales Pflanzenöl
200 g Tempeh (siehe S. 186 f.)
1 EL weißes Mandelmus (siehe S. 186 f.)
1 Msp. Bourbon-Vanillepulver
rosa Pfefferbeeren (Schinus)
zum Garnieren

FÜR 2 PERSONEN
Zubereitungszeit: ca. 25 Min.
Pro Portion ca. 610 kcal, 21 g EW, 52 g F, 13 g KH.

1 Für die Vinaigrette die Zitronenhälfte heiß abwaschen und trocknen. Die Schale fein abreiben (den Saft anderweitig verwenden). TK-Himbeeren auftauen lassen, frische Himbeeren vorsichtig in stehendem Wasser waschen, falls nötig. 1 EL Himbeeren zum Garnieren beiseitestellen. Die restlichen mit einem Löffel durch ein feines Sieb passieren. Die dabei entstehende Himbeersauce mit Zitronenschale, Walnussöl, Aceto balsamico und Agavendicksaft verquirlen und mit Salz abschmecken.

2 Die Möhren putzen, schälen und mithilfe eines Sparschälers zu feinen Streifen verarbeiten. Den Feldsalat verlesen, waschen, putzen und trocken schleudern.

3 Den Backofen auf 150° vorheizen (Umluft auf 125° vorheizen). 3 EL Öl in einer Pfanne erhitzen, den Tempeh in 8 dünne Scheiben schneiden und von jeder Seite ca. 2 Min. bei mittlerer Hitze anbraten. Die Tempehscheiben leicht salzen. 2 EL von der Himbeer-Vinaigrette darübergeben, alles ca. 1 Min. in der Pfanne schwenken und im Backofen warm stellen.

4 Die übrigen 2 EL Öl in einer zweiten Pfanne erhitzen. Die Möhrenstreifen darin ca. 1 Min. bei mittlerer Hitze andünsten, mit 100 ml Wasser ablöschen und sofort das Mandelmus einrühren. Die Hitze reduzieren, die Sauce mit Salz und Vanille würzen und ca. 2 Min. bei kleiner Hitze köcheln lassen. Sollte die Sauce dabei zu dickflüssig werden, etwas Wasser nachgießen.

5 Den Feldsalat auf zwei Tellern anrichten, mit der restlichen Vinaigrette beträufeln und mit den beiseitegelegten Himbeeren garnieren. Daneben die Vanille-Möhren anrichten und den Tempeh daraufsetzen. Mit rosa Pfeffer bestreuen und servieren.

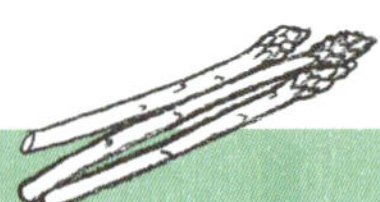

MEIN MENÜTIPP

Dinner für zwei geplant? Dieses Rezept eignet sich perfekt als Hauptgang. Für vorneweg empfehle ich Ihnen die Rote-Bete-Lasagne von S. 46. Und weil ein tolles Dessert in keinem Menü fehlen darf, blättern Sie doch mal auf S. 158: Dort verrate ich Ihnen mein Rezept für gratinierte Rotweinfeigen.

RÄUCHERTOFU-TÜRMCHEN

MIT MEDITERRANER GEMÜSEFÜLLUNG

FÜR DIE GEMÜSEFÜLLUNG
1 mittelgroße Aubergine
150 g Pastinake
1 rote oder gelbe Paprikaschote
2 Zwiebeln
Salz
4 EL Olivenöl
1 Knoblauchzehe
1/2 Zitrone
3 TL Kapern
1 TL Tomatenmark

FÜR DIE TOFUTÜRMCHEN
1 Zitrone
2 reife Avocados
Salz
4 Blöcke Räuchertofu (à 200 g)
4 EL Olivenöl

AUSSERDEM
Backpapier für das Blech
2 TL rosa Pfefferbeeren (Schinus)
Kapern zum Garnieren

FÜR 4 PERSONEN
Zubereitungszeit: ca. 35 Min.
Pro Portion ca. 855 kcal, 43 g EW, 68 g F, 17 g KH.

MEIN BEILAGENTIPP

Als knackige Beilage passt der frische Fenchelsalat mit Orangendressing von S. 52.

1 Den Backofen auf 225° vorheizen (Umluft 200° ohne Vorheizen). Für die Gemüsefüllung die Aubergine waschen, putzen und vierteln. Die Pastinake putzen und schälen. Die Paprika putzen und waschen. Das vorbereitete Gemüse in mundgerechte Stücke teilen. Die Zwiebeln schälen und vierteln.

2 Das Gemüse auf einem Backblech mit Backpapier verteilen, mit 1 TL Salz bestreuen und mit dem Olivenöl beträufeln. Mit den Händen die Stücke im Öl wenden, sodass sie vollständig benetzt sind. Das Gemüse im heißen Ofen (Mitte) ca. 20 Min. rösten. In den letzten 5 Min. die Grillfunktion hinzuschalten, falls vorhanden.

3 Für die Tofutürmchen die Zitrone auspressen. Die Avocados halbieren, die Kerne entfernen und das Fruchtfleisch im Ganzen auslösen. (Das geht bei Hass-Avocados ganz einfach. Wenn Sie nur Avodacos einer anderen, dünnschaligeren Sorte bekommen haben, schälen Sie sie einfach.) Das Fruchtfleisch in Scheiben schneiden und mit dem Zitronensaft beträufeln und salzen.

4 Für die Gemüsecreme das Gemüse aus dem Ofen nehmen. Den Knoblauch schälen, die Zitronenhälfte auspressen. Das Gemüse mit Knoblauch, Zitronensaft, Kapern und Tomatenmark im Mixer oder mit dem Pürierstab pürieren. Die Masse soll noch ein wenig stückig sein.

5 Die Tofublöcke längs in je 4 Scheiben teilen. Das Olivenöl in einer Pfanne erhitzen und die Tofuscheiben darin 4 Min. bei mittlerer Hitze anbraten.

6 Auf vier Tellern jeweils abwechselnd Tofu, Gemüsecreme und Avocado schichten. Mit Avocado abschließen und mit rosa Pfeffer und Kapern garnieren.

FRUCHTIG-WÜRZIG: SO LÄSST SICH DIE FÜLLUNG BESCHREIBEN, DIE ZWISCHEN DEN HERZHAFTEN RÄUCHERTOFU-SCHEIBEN ÜBERRASCHT. MEINE GÄSTE LIEBEN DIE MEDITERRAN ANGEHAUCHTE STAPELWARE.

GRAUPENRISOTTO

MIT STECKRÜBENGEMÜSE

3 l Gemüsebrühe (nicht zu salzig)
2 Zwiebeln
2 TL vegane Margarine (siehe S. 186 f.)
500 g Perlgraupen
200 ml trockener Weißwein
200 g Steckrüben
150 g Petersilienwurzeln
2 EL Olivenöl
3 EL Hefeflocken (siehe S. 186 f.)

FÜR 4 PERSONEN
Zubereitungszeit: ca. 40 Min.
Pro Portion ca. 565 kcal, 17 g EW, 4 g F, 98 g KH.

1 Die Brühe in einem Topf zum Kochen bringen und bei kleinster Hitze warm halten.

2 Die Zwiebeln schälen und in feine Würfel schneiden. Die Margarine in einem weiten Topf erhitzen und die Zwiebeln darin in ca. 2 Min. bei mittlerer Hitze glasig anschwitzen. Die Graupen zufügen und 1 Min. unter Rühren mit anbraten.

3 Alles mit dem Weißwein ablöschen und unter Rühren erhitzen. 1 Kelle Brühe hinzufügen und bei mittlerer Hitze köcheln lassen. Den Risotto häufig umrühren und immer wieder eine Kelle von der heißen Brühe zugeben, sobald die Flüssigkeit fast aufgesogen ist. So fortfahren, bis die Graupen nach ca. 35 Min. cremig, aber noch etwas bissfest sind.

4 Inzwischen Steckrüben und Petersilienwurzeln putzen und schälen. Die Steckrüben in 3 cm breite Stifte schneiden und auf einem Gemüsehobel in feine Scheiben hobeln. Die Petersilienwurzeln ebenfalls hobeln. 2 EL Olivenöl in einer Pfanne erhitzen, das Gemüse darin ca. 4 Min. bei mittlerer Hitze anschwitzen.

5 Die Hefeflocken und das Gemüse unter den fertigen Graupenrisotto rühren, alles noch einmal kurz erhitzen und servieren.

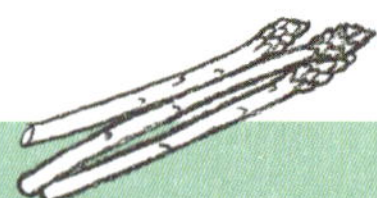

MEINE GENUSS- UND TAUSCHTIPPS

1 EL gehackter Zitronenthymian bringt Frische in den Risotto.

Dieses Grundrezept lässt sich außerdem auf viele unterschiedliche Arten abwandeln: Statt Wurzelgemüse können Sie auch Steinpilzen, Champignons, Zucchini, Paprika oder Spinat einen Auftritt im Graupen-Risotto verschaffen.

Und natürlich können Sie den Risotto statt mit Graupen ganz klassisch mit Risottoreis kochen – am besten eignen sich die italienischen Rundkornsorten Arborio oder Vialone nano.

WIEDER-
ENTDECKTE
GENÜSSE

GRATINIERTE ROTE BETE

AUF BIRNEN-PILZ-GEMÜSE

SPÄT-SOMMERLICHER GENUSS

FÜR DIE ROTEN BETEN

4 Rote Beten
Salz | schwarzer Pfeffer aus der Mühle
1/2 TL Zucker
4 EL Aceto balsamico
4 EL Olivenöl

FÜR DIE SAUCE

400 ml Hafermilch (siehe S. 186 f.)
1 EL vegane Margarine (siehe S. 186 f.)
100 ml Weißwein
Salz
1 1/2 TL Fischgewürzmischung (Supermarkt)
1 TL Speisestärke
3 Stängel Dill
2 EL Hefeflocken (siehe S. 186 f.)

FÜR DAS BIRNEN-PILZ-GEMÜSE

1 Stange Lauch
500 g weiße Champignons
2 feste Birnen
4 EL Walnusskerne
2 EL vegane Margarine
1 TL Zucker

AUSSERDEM

Alufolie
4 EL Cashew-»Ricotta« (siehe Rezept auf S. 61)

FÜR 4 PERSONEN

Zubereitungszeit: ca. 50 Min.
Pro Portion ca. 510 kcal, 13 g EW, 29 g F, 44 g KH

1 Die Roten Beten mit einer Gemüsebürste unter Wasser abbürsten und die Stielansätze entfernen. Für jede Knolle ein ca. 20 × 20 cm großes Stück Alufolie zurechtschneiden. Auf jedes mittig etwas Salz, Pfeffer und Zucker verteilen und die Roten Beten mit den Schnittflächen nach unten daraufsetzen.

2 Jede Knolle dreimal kreuzweise bis fast zum Boden einschneiden. Die Seiten der Folie leicht hochziehen, Essig und Öl über die Knollen träufeln und die Folie oben fest zudrehen. Päckchen in den kalten Ofen (Mitte) setzen und ca. 50 Min. bei 200° (Umluft 180°) backen.

3 20 Min. vor Ende der Backzeit für die Sauce die Hafermilch zusammen mit Margarine, Weißwein, 1/2 TL Salz und Fischgewürz in einem Topf aufkochen und bei geschlossenem Deckel ca. 15 Min. köcheln lassen.

4 Den Lauch putzen, längs aufschneiden, gründlich waschen, dritteln und längs in feine Streifen schneiden. Die Champignons putzen, falls nötig trocken abreiben und dann halbieren. Die Birnen waschen, vierteln, das Kerngehäuse enfernen und die Birnen in mundgerechte Stücke schneiden. Die Walnüsse grob hacken.

5 Die Margarine in einer Pfanne erhitzen und die Champignons darin ca. 5 Min. bei mittlerer Hitze anbraten. Birnen, Zucker und 3 EL Wasser zugeben und alles in ca. 2 Min. unter Rühren karamellisieren. Die Walnüsse mit den Lauchstreifen in die Pfanne geben und 2 Min. mit anbraten.

6 Für die Sauce 1 TL Stärke mit 3 EL Wasser anrühren und zur Sauce geben. Alles unter Rühren kurz aufkochen und vom Herd nehmen. Den Dill waschen, trocken schütteln, hacken und zusammen mit den Hefeflocken unter die Sauce unterrühren.

7 Die Rote-Bete-Päckchen öffnen, die Knollen leicht auseinanderdrücken, mit je 1 EL Cashew-»Ricotta« füllen, die Grillfunktion zuschalten und die Roten Beten ca. 5 Min. gratinieren. Das Gemüse auf Tellern anrichten, mit der Sauce beträufeln und die Roten Beten daraufsetzen. Dazu passt Weißbrot zum Dippen der Sauce.

ROTE BETE AUS DEM OFEN: DIE BEQUEMSTE ART UND WEISE,
DIESE WUNDERBARE KNOLLE ZUZUBEREITEN – DIE LÄSTIGE SCHÄLEREI FÄLLT NÄMLICH WEG!

SCHLEMMEN WIE BEI MAMA!

ROULADEN

AUF VEGANE ART

FÜR DIE SAUCE
1 Zwiebel | 2 EL vegane Margarine (siehe S. 186 f.)
3 EL Tomatenmark
3 EL Weizenmehl
900 ml Gemüsebrühe
100 ml trockener Rotwein
1 1/2 EL Agavendicksaft (siehe S. 186 f.)
50 ml Gurkensud (von den Gewürzgurken)
5 EL Sojasauce
1 TL Grill-Gewürzmischung (siehe Tipp S. 104)
Salz | schwarzer Pfeffer aus der Mühle

FÜR DIE ROULADEN
8 große Sojasteaks (siehe S. 186 f.)
2 Gewürzgurken
1 kleine Zwiebel
20 g Räuchertofu | 8 TL Senf
6 EL neutrales Pflanzenöl + mehr nach Bedarf

AUSSERDEM
Holzzahnstocher oder Rouladennadeln
5 EL Pflanzensahne (siehe S. 186 f.)

FÜR 4 PERSONEN
Zubereitungszeit: ca. 1 Std.
Garzeit: ca. 45 Min.
Pro Portion ca. 375 kcal, 14 g EW, 22 g F, 23 g KH

1 Für die Sauce die Zwiebel schälen und fein würfeln. Die Margarine in einem weiten Topf oder Bräter schmelzen. Das Tomatenmark hinzugeben und bei großer Hitze unter ständigem Rühren in ca. 4 Min. stark bräunen, aber nicht verbrennen lassen. Die Zwiebel hinzugeben und unter Rühren bei mittlerer Hitze in 1–2 Min. glasig werden lassen. Das Mehl hinzugeben und anrösten, bis es ebenfalls leicht braun ist und einen Duft von gerösteten Nüssen verströmt.

2 Alles mit Brühe und Wein ablöschen und mit dem Schneebesen rühren, bis keine Klümpchen mehr zu erkennen sind. Die Sauce mit Agavendicksaft, Gurkensud, Sojasauce, Grillgewürz und Salz würzen und mit geschlossenem Deckel ca. 20 Min. bei kleinster Hitze köcheln lassen.

3 Währenddessen die Rouladen vorbereiten. Dafür die Sojasteaks in einen weiten Topf legen, mit reichlich kochendem Wasser übergießen und 7–10 Min. bei kleiner Hitze köcheln lassen, bis sie weich sind. Danach abgießen, die Steaks kurz abkühlen lassen, sehr gut zwischen den Händen ausdrücken und mit Küchenpapier abtupfen. Sie sollen so trocken wie möglich sein. (Falls sie sehr dick sind, können Sie sie vorsichtig waagerecht halbieren. Dann reichen 4 statt 8 Sojasteaks.)

4 Die Gewürzgurken vierteln, die Zwiebel schälen und achteln. Den Räuchertofu in 8 dünne Scheiben schneiden. Jedes Steak mit 1 TL Senf bestreichen, quer mit jeweils 1 Scheibe Tofu, 1 Stück Gurke und 1 Zwiebelachtel belegen und zur Roulade rollen. Mit mehreren Zahnstochern oder Rouladennadeln verschließen.

5 Das Öl in einer großen Pfanne erhitzen und die Rouladen darin bei großer Hitze anbraten, bis sie rundherum gebräunt sind. Das kann je nach Beschaffenheit der Pfanne (am besten eignen sich Eisenpfannen) und verbliebenem Wasser in den Steaks 5–10 Min. dauern. Zwischendurch – falls erforderlich – weiteres Öl zugeben.

6 Die gebräunten Rouladen in die köchelnde Sauce geben und alles ca. 45 Min. zugedeckt bei kleiner Hitze weiterköcheln lassen. Zum Schluss die Sauce mit Pflanzensahne verfeinern und noch einmal mit Salz und Pfeffer abschmecken.

FÜR DIESEN SONNTAGSSCHMAUS HABE ICH EIN ALTES FAMILIENREZEPT VEGANISIERT.

VÖLLIG KLAR: AUCH ZU VEGANEN ROULADEN PASSEN AM BESTEN GANZ KLASSISCH

SALZKARTOFFELN UND ROTKOHL. DAS REZEPT DAZU GIBT'S AUF SEITE 149.

GETRÜFFELTE RAVIOLI

MIT CHAMPIGNONFÜLLUNG

FÜR FESTTAGE

FÜR DIE RAVIOLI
300 g Weizenmehl (Type 405)
1 gehäufter TL Sojamehl (siehe S. 186 f.)
1 Msp. Kurkumapulver
1/2 TL Salz

FÜR DIE FÜLLUNG
1/2 Zwiebel
200 g Steinchampignons
2 EL neutrales Pflanzenöl
Salz | schwarzer Pfeffer aus der Mühle
1 EL Sojasauce
1 EL Zitronensaft
3 Stängel Petersilie

AUSSERDEM
Weizenmehl für die Arbeitsfläche
1 in Öl eingelegter Trüffel

FÜR 4 PERSONEN
Zubereitungszeit: ca. 20 Min.
Ruhezeit: ca. 1 Std.
Pro Portion ca. 335 kcal, 10 g EW, 7 g F, 56 g KH

1 Für die Ravioli das Mehl mit Sojamehl, Kurkumapulver und Salz mischen und mit 150 ml Wasser zu einem glatten Nudelteig verkneten. Den Teig zu einer Kugel formen und in Frischhaltefolie gewickelt 1 Std. im Kühlschrank ruhen lassen.

2 Die halbe Zwiebel schälen und fein würfeln. Die Steinchampignons putzen, falls nötig trocken abreiben und dann hacken. Das Öl in einer Pfanne erhitzen und die Champignons ca. 3 Min. bei großer Hitze scharf anbraten. Die Zwiebelwürfel hinzugeben und weitere 3 Min. bei mittlerer Hitze glasig dünsten. Mit Salz, Pfeffer, Sojasauce und Zitronensaft abschmecken, vom Herd nehmen und abkühlen lassen.

3 Die Petersilie waschen, trocken schütteln, die Blättchen fein hacken und unter die abgekühlten Pilze heben. Alles mit einer Gabel etwas zerquetschen, sodass eine zusammenhängende Masse entsteht.

4 Den Nudelteig auf einer leicht bemehlten Arbeitsfläche sehr dünn ausrollen (oder durch die Nudelmaschine geben) und mit einer Ravioliform oder einem Glas Kreise von ca. 11 cm Ø ausstechen. Auf jeden Kreis 1 TL Pilzfüllung geben, das Teigstück zuklappen und mit einer Gabel fest verschließen.

5 Reichlich Salzwasser zum Kochen bringen, dann die Hitze reduzieren und die Ravioli ca. 3 Min. ziehen lassen, bis sie an der Oberfläche schwimmen. Die Ravioli mit einem Schaumlöffel herausnehmen, etwas abtropfen lassen und zum Servieren reichlich Trüffel darüberhobeln.

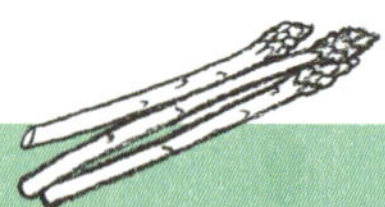

MEIN BEILAGENTIPP

Zu den Ravioli passt das Schwarzwurzelragout auf der nächsten Seite!

Für besondere Anlässe darf es gerne mal Trüffel sein. Wichtig ist, ihn sparsam einzusetzen und keine weiteren hervorstechenden Gewürze zu verwenden.

SCHWARZWURZELRAGOUT

IN SAHNIGER SAUCE

FEINE BEILAGE

2 Bio-Zitronen
1 kg Schwarzwurzeln
Salz
1 EL vegane Margarine (siehe S. 186 f.)
2 EL Weizenmehl
2 EL Agavendicksaft (siehe S. 186 f.)
gemahlener weißer Pfeffer

FÜR 4 PERSONEN ALS BEILAGE
Zubereitungszeit: ca. 40 Min.
Pro Portion ca. 90 kcal, 3 g EW, 3 g F, 12 g KH

1 Eine Zitrone heiß abwaschen, trocknen und die Hälfte der Schale abreiben. Beide Zitronen auspressen. Eine Schüssel mit 2 l Wasser und 4 EL Zitronensaft vorbereiten.

2 Die Schwarzwurzeln mit einer Gemüsebürste unter fließendem Wasser grob abbürsten, mit einem Sparschäler schälen und sofort in das Zitronenwasser legen, damit sie nicht braun anlaufen. Tragen Sie beim Schälen am besten Einweghandschuhe, da die Schwarzwurzeln einen stark klebenden Saft absondern.

3 Die Schwarzwurzeln schräg in dicke Scheiben schneiden, in einem Topf knapp mit Wasser bedecken und das Wasser zum Kochen bringen. Das Kochwasser salzen und die Schwarzwurzeln darin bei kleiner Hitze in 5–7 Min. bissfest kochen.

4 Die fertigen Schwarzwurzeln in ein Sieb abgießen, dabei das Kochwasser auffangen und 500 ml abmessen. Die Margarine in einem Topf schmelzen, das Mehl einrühren und unter Rühren in ca. 2 Min. bei mittlerer Hitze goldgelb anschwitzen. Damit sich keine Klümpchen bilden, mit einem Schneebesen das Schwarzwurzel-Kochwasser einrühren, und die Sauce ca. 5 Min. bei kleiner Hitze köcheln lassen.

5 Die Schwarzwurzelstücke in die Sauce geben, mit Salz, 4 EL Zitronensaft, Zitronenschale, Agavendicksaft und etwas weißem Pfeffer abschmecken und weitere 5 Min. bei kleinster Hitze ziehen lassen. Die Schwarzwurzeln sollten danach weich, aber noch immer bissfest sein.

MEIN GENUSSTIPP

Zu diesem Gericht passen die Ravioli mit Pilzfüllung von Seite 142. Richten Sie für jede Person etwas Schwarzwurzelragout auf einem tiefen Teller an und verteilen Sie die Ravioli darauf. Trüffel nicht vergessen!

SCHWARZWURZELN SCHÄLEN – NICHT GERADE MEIN HOBBY … ABER WENN MIR DAS RAGOUT AUS DEM TOPF ENTGEGENDUFTET, IST DIE MÜHE SCHNELL VERGESSEN.

LINSENBRATEN

IM BLÄTTERTEIG

IDEALER WEIHNACHTS-BRATEN

150 g Berglinsen
1 Knoblauchzehe | 1 kleine Zwiebel
1 kleiner Zweig Rosmarin
1 EL Leinsamen
1 TL Speisestärke
1 Prise gemahlener Kreuzkümmel (Cumin)
1/2 TL Salz
60 ml Sojamilch (siehe S. 186 f.)
225 g veganer Blätterteig (siehe S. 186 f.)

AUSSERDEM

kleine Kastenform (15–20 cm Länge)
Backpapier für die Form und für das Blech

FÜR 4 PERSONEN

Zubereitungszeit: ca. 45 Min.
Backzeit: ca. 1 Std. 35 Min.
Kühlzeit: ca. 8 Std.
Pro Portion ca. 320 kcal, 13 g EW, 14 g F, 36 g KH

MEIN GENUSSTIPP

Für sämige Bratensauce (4 Portionen) 1 Zucchino waschen, putzen und fein würfeln. 2 Zwiebeln schälen und fein würfeln. Beides in 6 EL Pflanzenöl goldbraun braten. 2 EL Tomatenmark zugeben und unter Rühren bräunlich rösten. 2 EL Mehl darüberstäuben und kurz mitrösten. Mit 400 ml Wasser, 200 ml trockenem Rotwein (oder Wasser) und 6 EL Sojasauce ablöschen und mit 1 TL getrocknetem Majoran, 1 Spritzer Agavendicksaft, Salz und Pfeffer würzen. Aufkochen und bei kleiner Hitze ca. 15 Min. köcheln. Vom Herd nehmen, fein pürieren und nach Belieben noch mit pflanzlicher Sahne verfeinern.

1 Am Vortag die Linsen in 750 ml Wasser in ca. 30 Min. weich kochen. Inzwischen Knoblauchzehe und Zwiebel schälen und grob zerteilen. Den Rosmarin waschen, trocknen und die Nadeln fein hacken.

2 Leinsamen und Stärke mit 3 EL Wasser ca. 2 Min. quellen lassen. Die Linsen abgießen, kurz abkühlen lassen und zusammen mit Knoblauch, Zwiebel, Rosmarin, Kreuzkümmel, Salz und Sojamilch in der Küchenmaschine oder mit dem Pürierstab pürieren. Zum Schluss die Leinsamenmischung untermixen.

3 Den Ofen auf 220° vorheizen (Umluft 200° ohne Vorheizen). Die Form mit Backpapier auslegen, die Masse einfüllen, glatt streichen und im heißen Ofen (Mitte) ca. 1 Std. backen. Den fertigen Braten herausnehmen, abkühlen lassen und mindestens 8 Std. oder über Nacht in den Kühlschrank stellen, damit er fest wird.

4 Am nächsten Tag den Backofen auf 200° vorheizen (Umluft 180° ohne Vorheizen). Die Blätterteigplatten nebeneinander auf der Arbeitsfläche ca. 10 Min. auftauen lassen. Die Platten leicht überlappend zu einem Rechteck legen und mit einem Nudelholz etwas größer ausrollen. Den Linsenbraten darin einschlagen. Den Linsenbraten auf ein Blech mit Backpapier setzen und im heißen Ofen (Mitte) ca. 35 Min. backen.

EIN WIRKLICH STRESSARMES FESTTAGSGERICHT: DIE HAUPTARBEIT FINDET NÄMLICH

AM VORTAG STATT, UND VOR DEM ESSEN SIND NUR NOCH WENIGE HANDGRIFFE NÖTIG.

DAZU SCHMECKEN KARTOFFELKNÖDEL UND ROTKOHL – EINMAL UMBLÄTTERN, BITTE!

EINFACH BESSER SELBST GEMACHT

KARTOFFEL-KNÖDEL

DIE KLÖSSE KÖNNEN SCHON AM VORTAG VORBEREITET WERDEN. IM KÜHLSCHRANK WARTEN SIE GEDULDIG DARAUF, KURZ VOR DEM ESSEN GEGART ZU WERDEN.

700 g mehligkochende Kartoffeln
75 g Kartoffelstärke
(ersatzweise Weizen- oder Maisstärke)
Salz
frisch geriebene Muskatnuss

AUSSERDEM
1 Stängel Petersilie zum Garnieren

FÜR 4 PERSONEN
Zubereitungszeit: ca. 40 Min.
Kühlzeit: mind. 1 Std.
Garzeit: ca. 20 Min.
Pro Portion ca. 160 kcal, 3 g EW, 0 g F, 36 g KH

1 Die Kartoffeln waschen, mit Schale in 20–25 Min. in Wasser gar kochen und am besten noch warm pellen.

2 Die Kartoffeln durch eine Kartoffelpresse drücken, mit der Kartoffelstärke verkneten und und mit Salz und Muskat würzen. Den Kartoffelteig mindestens 1 Std. im Kühlschrank ruhen lassen.

3 Kurz vor dem Essen mit feuchten Händen golfballgroße Klöße formen und in leicht siedendem Salzwasser in 15–20 Min. bei kleinster Hitze gar ziehen lassen. Das Wasser darf dabei nicht kochen. Die Klöße sind gar, sobald sie oben schwimmen. Die Petersilie waschen, trocken tupfen, die Blättchen hacken und die Klöße damit bestreuen.

MEIN PRAXISTIPP

Noch besser ist es, wenn die gekochten Kartoffeln eine Nacht stehen können, bevor sie weiterverarbeitet werden. Aber wenn die Zeit fehlt, können sie auch direkt heiß durch die Presse gedrückt werden.

APFEL-ROTKOHL

DER KLASSIKER ALLER FESTTAGS-BEILAGEN GELINGT AUCH WUNDERBAR OHNE SCHWEINESCHMALZ & CO. NOCH BESSER SCHMECKT ER AM NÄCHSTEN TAG.

DER KLASSIKER ZUM WEIHNACHTSFEST

500 g Rotkohl
1 kleine Zwiebel
1 mittelgroßer Apfel
(z. B. Boskop oder eine andere säuerliche Sorte)
1 TL vegane Margarine (siehe S. 186 f.)
oder veganes Schmalz (siehe S. 37)
100 ml trockener Rotwein
150 ml Orangensaft
Salz | schwarzer Pfeffer aus der Mühle
2 Gewürznelken
1 TL Agavendicksaft (siehe S. 186 f.)
1 Prise Zimtpulver
1/2 TL Speisestärke
(nach Belieben)

FÜR 4 PERSONEN
Zubereitungszeit: ca. 1 Std.
Pro Portion ca. 85 kcal, 2 g EW, 1 g F, 12 g KH

1 Den Rotkohl von unansehnlichen äußeren Blättern befreien, waschen, vierteln und den Strunk entfernen. Die Viertel in dünne Streifen schneiden.

2 Die Zwiebel schälen und fein würfeln. Den Apfel waschen, nach Belieben schälen, vierteln, das Kerngehäuse entfernen und die Apfelschnitze in feine Scheiben schneiden. Die Margarine oder das Schmalz in einem Topf erhitzen und die Zwiebelwürfel darin in ca. 3 Min. bei mittlerer Hitze glasig dünsten. Den Kohl zugeben und ca. 1 Min. mitdünsten. Das Gemüse mit Rotwein und Orangensaft ablöschen und mit Salz, Pfeffer, Nelken und Agavendicksaft würzen. Die Apfelstücke zugeben.

3 Den Rotkohl mit geschlossenem Deckel ca. 30 Min. bei mittlerer Hitze köcheln lassen, dann die Hitze herunterschalten und das Gemüse bei kleinster Hitze weitere 20 Min. fertig garen.

4 Den fertigen Rotkohl mit Zimt und Salz abschmecken. Falls er etwas gebundener sein soll, nach Belieben die Stärke in etwas kaltem Wasser anrühren, zugeben und alles noch einmal aufkochen.

HMM, SÜSS!

DESSERTS UND GEBÄCK

LA VEGANISTA OHNE »LA DOLCE VITA«?

SICHER NICHT – LEINSAMEN, SEIDENTOFU & CO. SEI DANK!

ÜBRIGENS: VEGANE SÜSSSPEISEN SIND OFT LÄNGER HALTBAR

ALS SOLCHE MIT EI UND SAHNE. ZUMINDEST THEORETISCH –

DENN AUFGEGESSEN SIND SIE GENAUSO SCHNELL …

SCHMECKT ZU JEDER JAHRESZEIT

FLAN

MIT KARAMELLSAUCE

FÜR DEN FLAN
100 g Seidentofu (siehe S. 186 f.)
40 g Speisestärke
1 TL Guarkernmehl (siehe S. 186 f.)
200 ml Sojasahne (siehe S. 186 f.)
50 g vegane Margarine (siehe S. 186 f.)
40 g Zucker | 1 Prise Salz
1 Prise Bourbon-Vanillepulver
(oder das Mark von 1/2 Vanilleschote)

FÜR DIE SAUCE
6 EL Zucker | 1 TL vegane Margarine

AUSSERDEM
4 ofenfeste Förmchen (ca. 10 cm Ø)
Auflaufform (ca. 25 x 25 cm)
1 Stängel Minze zum Garnieren

FÜR 4 PERSONEN
Zubereitungszeit: ca. 15 Min.
Backzeit: ca. 1 Std.
Pro Portion ca. 355 kcal, 3 g EW, 19 g F, 44 g KH

1 Den Backofen auf 170° vorheizen (Umluft 150° ohne Vorheizen). Für den Flan alle Zutaten in einem Mixer oder mit dem Pürierstab auf höchster Stufe zu einer glatten Masse pürieren.

2 Die ofenfesten Förmchen in eine Auflaufform stellen und diese ca. 4 cm hoch mit Wasser füllen. Die Flanmischung in die Pastetenförmchen gießen und ca. 1 Std. im heißen Ofen (Mitte) backen.

3 Für die Sauce Zucker und Margarine in einem Topf bei mittlerer Hitze karamellisieren. Mit 50 ml Wasser ablöschen und weitere 10 Min. bei mittlerer Hitze zu einer Sauce verkochen.

4 Den Flan leicht abkühlen lassen und stürzen oder direkt in der Form mit der Karamellsauce servieren. Die Minze waschen, trocken tupfen, die Blättchen abzupfen und den Flan damit garnieren.

MEIN VERWANDLUNGSTIPP

Das Rezept funktioniert auch ohne Backofen: Tauschen Sie einfach das Guarkernmehl gegen die gleiche Menge Agar-Agar aus und kochen Sie die gut vermixten Zutaten in einem Topf ca. 2 Minuten auf. Füllen Sie die heiße Flüssigkeit in flache Crème-brûlée-Förmchen und lassen Sie sie abkühlen. Zum Servieren können Sie sie statt des Karamells mit Ahornsirup übergießen oder mit Zucker bestreuen und mithilfe eines Brenners karamellisieren – so entsteht Crème brûlée.

SAHNIGER FLAN TRIFFT SÜSSE KARAMELLSAUCE:

FEINSTE FRANZÖSISCHE KÜCHE AUF VEGAN. C'EST BON, N'EST-CE PAS?

MOUSSE

AU CHOCOLAT

SCHOKO-TRAUM

250 g gute Bitterschokolade
(Kakaoanteil mind. 70 %)
2 EL Agavendicksaft
(nach Belieben; siehe S. 186 f.)
1 Prise Salz
1 Msp. Bourbon-Vanillepulver
1 gestrichener TL Agar-Agar
(oder Guarkernmehl; siehe S. 186 f.)

AUSSERDEM
2 Handvoll Eiswürfel
1 TL Salz

FÜR 4 PERSONEN
Zubereitungszeit: ca. 20 Min.
Pro Portion ca. 350 kcal, 6 g EW, 25 g F, 26 g KH

1 Eine kleinere Schüssel für die Mousse bereitstellen, außerdem eine größere, in der die Mousseschüssel gut Platz hat. In der größeren Schüssel Eiswürfel und Salz mischen und so viel kaltes Wasser zugeben, dass die kleinere Schüssel bis ungefähr zur Hälfte im Eiswasser steht.

2 Die Schokolade in Stückchen brechen. Mit Agavendicksaft (falls verwendet), Salz, Vanillepulver und 200 ml Wasser in einen Topf geben und sehr vorsichtig bei mittlerer Hitze schmelzen. Dabei oft umrühren, damit eine homogene Masse entsteht.

3 Sobald die Schokolade geschmolzen ist, das Agar-Agar unter Rühren in der Masse auflösen.

4 Die Schokoladenmischung in die kleinere der beiden Schüsseln gießen, diese in das Eisbad setzen und die Schokolade mit den Quirlen des Handrührgeräts auf kleiner bis mittlerer Stufe in ca. 2 Min. schaumig schlagen. Sobald die Mousse etwas heller wird, ist sie fertig.

MEINE TAUSCHTIPPS

Wer es nicht ganz so herb mag, ersetzt 80 g der Bitterschokolade durch vegane Nougat- oder Reismilchschokolade aus dem Bioladen.

Alle, die neben purer Schokolade gerne auch mal mit verschiedenen Aromen experimentieren, können zum Aufschlagen statt Wasser beispielsweise Kaffee, Kirsch- oder Orangensaft verwenden. Nicht jugendfrei, aber sehr lecker: Ersetzen Sie ein Drittel der Flüssigkeit durch einen guten Likör. Dazu passen Beeren, frische Früchte der Saison und Fruchtpürees.

PURE SCHOKOLADE WIRD ÜBER EIS ZU EINER MOUSSE GESCHLAGEN – SCHOKOLADIGER

GEHT'S NICHT MEHR. DA LECKEN SICH NICHT NUR VEGANISTAS DIE FINGER.

DENN DIE FLUFFIG-LUFTIGE CREME SCHMECKT EINFACH UNWIDERSTEHLICH GUT.

VANILLECREME

MIT RHABARBERKOMPOTT

CREMIG, FRUCHTIG, KNUSPRIG!

FÜR DIE CREME

100 ml aufschlagbare Pflanzensahne (siehe S. 186 f.)
1 Pck. Sahnefestiger
(falls nötig; Packungshinweis der Sahne beachten)
400 g Seidentofu (siehe S. 186 f.)
1 TL Bourbon-Vanillepulver
6 EL Ahornsirup
1 1/2 TL Guarkernmehl (siehe S. 186 f.)

FÜR DAS RHABARBERKOMPOTT

600 g Rhabarber
1 TL Bourbon-Vanillepulver
160 g Zucker
100 ml Orangensaft
1 TL Guarkernmehl

FÜR DEN KROKANT

100 g Walnusskerne (ca. 1 Handvoll)
120 g Zucker
2 EL vegane Margarine (siehe S. 186 f.)

AUSSERDEM

Backpapier für den Krokant
1 Stängel Minze zum Garnieren

FÜR 4 PERSONEN

Zubereitungszeit: ca. 30 Min.
Abkühlzeit: ca. 2 Std.
Pro Portion ca. 640 kcal, 10 g EW, 26 g F, 91 g KH

1 Für die Creme die Sahne aufschlagen. Den Seidentofu mit Vanille, Ahornsirup und Guarkernmehl im Mixer oder mit dem Pürierstab glatt pürieren. Die Sahne unterheben und die Creme bis zum Servieren kalt stellen.

2 Für das Kompott den Rhabarber putzen, waschen, falls nötig entfädeln und in 1 cm breite Stücke schneiden. Die Stücke mit Vanille, Zucker und Orangensaft in einem Topf aufkochen und ca. 10 Min. bei kleiner Hitze garen. Das Kompott vom Herd nehmen, das Guarkernmehl unterrühren und das Kompott in 1–2 Std. abkühlen lassen.

3 Für den Krokant die Walnüsse grob hacken und zusammen mit Zucker und Margarine in eine Pfanne geben. Alles langsam erhitzen. Wenn sich der Zucker aufgelöst hat, 80 ml Wasser hinzugeben und gut unterrühren. Die Mischung 6–7 Min. bei mittlerer Hitze und unter Rühren karamellisieren.

4 Sobald die Mischung goldbraun ist, den Karamell sofort auf Backpapier geben, mit einem Löffel etwas verteilen und vollständig auskühlen lassen. Krokant in kleine Stücke brechen.

5 Kurz vor dem Servieren die Minze waschen, trocken schütteln und die Blättchen abzupfen. Creme, Krokant und Kompott abwechselnd in 4 Gläser schichten und mit Minze garnieren. Sofort servieren.

MEIN TAUSCHTIPP

Schade, dass die Rhabarbersaison nur so kurz ist! Aber Kompott lässt sich auch aus Sauerkirschen oder säuerlichen Äpfeln kochen. Mein Tipp für den Herbst: Quittenkompott!

LEICHT SÄUERLICH UND VANILLESÜSS, FLUFFIG-CREMIG UND KROKANTKNACKIG: GEGENSÄTZE KÖNNEN SOOO LECKER SEIN!

GRATINIERTE ROTWEINFEIGEN

MIT VANILLECREME

SINNLICHER GENUSS

FÜR DIE CREME
1 1/2 TL Ei-Ersatzpulver
(siehe S. 186 f.; ersatzweise
1 gehäufter TL Speisestärke und 1 Msp. Backpulver)
50 g veganer Frischkäse (siehe S. 186 f.;
ersatzweise ohne Salz zubereiteter
Cashew-»Ricotta«, siehe S. 61)
1 gehäufter TL Zucker
1/2 TL Bourbon-Vanillepulver
1 TL Speisestärke
4 EL Sojamilch (siehe S. 186 f.)
Salz

FÜR DIE FEIGEN
2 mittelgroße Feigen
2 EL Rotwein
2 Prisen Zimtpulver

AUSSERDEM
2 ofenfeste Förmchen (ca. 10 cm Ø)

FÜR 2 PERSONEN
Zubereitungszeit: ca. 25 Min.
Pro Portion ca. 105 kcal, 4 g EW, 6 g F, 11 g KH.

1 Das Ei-Ersatzpulver mit 3 TL Wasser verrühren (ersatzweise die Stärke-Backpulver-Mischung mit 1 EL Wasser verrühren) und mit den Quirlen des Handrührgeräts auf höchster Stufe schlagen, bis die Masse standfest ist.

2 Den Frischkäse mit Zucker, Vanillepulver, Stärke, Sojamilch und 1 Prise Salz verrühren. Alles mit den Quirlen des Handrührgeräts auf höchster Stufe cremig schlagen. Die Schaummasse vorsichtig unterheben.

3 Die Feigen waschen, den Stielansatz entfernen und die Feigen oben kreuzweise bis zur Hälfte einschneiden.

4 Die Früchte in die Förmchen setzen, leicht auseinanderdrücken und je 1 EL Rotwein und 1 Prise Zimt darübergeben. Die Vanillecreme auf den Feigen verteilen.

5 Die Feigen im Backofen (oben) bei eingeschaltetem Grill ca. 6 Min. backen.

MEINE TAUSCH- UND PRAXISTIPPS

Dieses Rezept lässt sich mit den unterschiedlichsten Früchten zubereiten: Ganz klassisch und relativ nah dran am Original sind blaue Pflaumen. Herbstlich fein wird es außerdem mit Birnenspalten: Für 2 Portionen 1 Birne schälen, vierteln, das Kerngehäuse entfernen und die Viertel in 300 ml Wasser mit 1 EL Zucker ca. 4 Minuten blanchieren. Herausheben, in die Förmchen legen und mit der Gratiniermasse überbacken. Denn das perfekte Dessert kommt natürlich auch ohne Rotwein aus!

Sie haben einen Herd ohne Grillfunktion? Dann funktioniert das Rezept natürlich auch. Wählen Sie einfach Oberhitze und die Höchsttemperatur und verlängern Sie die Backzeit um 8–10 Min.

HERZFÖRMIG, SAMTWEICH UND ZUCKERSÜSS – FEIGEN SIND EINFACH SINNLICH.

ALSO GEBEN SIE FÜRS DINNER ZU ZWEIT DAS PERFEKTE DESSERT AB!

BROTKNÖDEL

MIT KIRSCHKOMPOTT

SÜSSES RESTE-ESSEN

FÜR DIE KNÖDEL
200 g altbackenes Weißbrot (oder Brötchen)
240 ml Sojamilch (siehe S. 186 f.)
50 g Zucker
1 Pck. Bourbon-Vanillezucker
1/2 TL Backpulver
2 EL Sojamehl (siehe S. 186 f.)

FÜR DAS KIRSCHKOMPOTT
1 Glas Sauerkirschen (350 g Abtropfgewicht)
3 EL Zucker
1 Pck. Vanillepuddingpulver zum Kochen

AUSSERDEM
1 EL Zucker
1 EL vegane Margarine (siehe S. 186 f.)
1 Stängel Minze zum Garnieren

FÜR 4 PERSONEN
Zubereitungszeit: ca. 35 Min.
Pro Portion ca. 415 kcal, 9 g EW, 5 g F, 84 g KH

1 Für die Knödel das Brot nach Belieben entrinden und dann in grobe Würfel schneiden. Die Sojamilch in einem Topf erwärmen, das Brot damit übergießen und 10 Min. einweichen.

2 Inzwischen für das Kompott die Kirschen zusammen mit dem Zucker in einen Topf geben. 4 EL von der Flüssigkeit abnehmen und damit das Puddingpulver anrühren. Die Kirschen aufkochen, das Puddingpulver hineingeben, alles aufkochen und unter Rühren bei kleiner Hitze 3 Min. köcheln lassen. Das Kompott warm halten.

3 Das eingeweichte Brot mit Zucker, Vanillezucker, Backpulver und Sojamehl mit den Händen vermischen und zu einem homogenen Teig kneten.

4 In einem großen Topf reichlich Wasser zum Kochen bringen. Mit feuchten Händen aus dem Teig ca. 8 golfballgroße Knödel formen und ins siedende Wasser geben. Die Knödel ca. 15 Min. bei geschlossenem Deckel und kleinster Hitze ziehen lassen. Das Wasser soll dabei nicht mehr kochen.

5 Den Zucker und die Margarine in einer Pfanne schmelzen. Die Knödel mithilfe eines Schaumlöffels aus dem Topf in die Pfanne heben und in ca. 4 Min. bei mittlerer Hitze karamellisieren.

6 Die Minze waschen, trocken schütteln und die Blättchen abzupfen. Die Knödel mit dem Kirschkompott servieren und mit den Minzeblättchen garnieren.

MEINE GENUSS- UND TAUSCHTIPPS

Knusprig und noch reichhaltiger werden die Knödel, wenn Sie beim Anbraten zum Zucker-Margarine-Gemisch noch etwas Paniermehl geben.

Anstelle der Kirschen aus dem Glas eignen sich natürlich auch TK-Früchte und frisches Obst. Dann ergänzen Sie beim Kompott einfach 250 ml Wasser.

ALTBACKENES BROT? FÜR MICH IST DAS KEINESWEGS EINE KATASTROPHE, SONDERN EIN WILLKOMMENER ANLASS, ENDLICH MAL WIEDER WAS SÜSSES ZU KOCHEN.

SÜSS UND GESUND

KOKOSMILCHREIS

MIT ERDBEERSAUCE

FÜR DEN MILCHREIS
125 g Rundkornreis
400 ml Kokosmilch
60–80 g Birkenzucker (Xylitol, Bioladen oder Reformhaus; Menge je nach gewünschter Süße)
1/2 TL Bourbon-Vanillepulver
250 ml Pflanzenmilch (siehe S. 186 f.)

FÜR DIE ERDBEERSAUCE
350 g Erdbeeren
1 EL Xylitol

AUSSERDEM
1 Stängel Zitronenmelisse zum Garnieren

FÜR 4 PERSONEN
Zubereitungszeit: ca. 35 Min.
Pro Portion ca. 395 kcal, 7 g EW, 19 g F, 59 g KH

MEINE TAUSCHTIPPS

Xylitol lässt sich ebenso verarbeiten wie Zucker, hat keinen Beigeschmack und dabei im Vergleich zu normalem Haushaltszucker eine leicht höhere Süßkraft. Wenn Sie den »Birkenzucker« (auch: Birkensüße) in Bioladen oder Reformhaus nicht finden, lässt sich dieses Rezept natürlich auch mit 50–60 g Zucker nachkochen.

Statt Erdbeeren schmecken auch Himbeeren oder Blaubeeren zum Milchreis. Verwenden Sie ruhig die ganzen Früchte – das geht schnell und ist perfekt für den Vitaminkick am Morgen. Denn so schmeckt der Milchreis ganz wunderbar als Frühstück.

1 Für den Milchreis den Rundkornreis mit Kokosmilch, Birkenzucker, Vanillepulver und Pflanzenmilch in einem Topf aufkochen und ca. 30 Min. bei kleiner Hitze garen. Dabei zwischendurch umrühren.

2 Inzwischen für die Sauce die Erdbeeren waschen, putzen, entkelchen und 100 g davon halbieren oder vierteln. Die restlichen Erdbeeren zusammen mit dem Xylitol in einem Mixer oder mit dem Pürierstab pürieren.

3 Den Milchreis etwas abkühlen lassen und in Gläser füllen. Die Erdbeeren darauf verteilen und mit der Erdbeersauce übergießen.

4 Die Zitronenmelisse waschen, trocken tupfen und die Blättchen abzupfen. Den Milchreis mit den Melisseblättchen garniert servieren.

MILCHREIS MAL EIN BISSCHEN »ERWACHSEN«, NÄMLICH MIT EXOTISCHER KOKOSNOTE.

DIE ERDBEERSAUCE BRINGT DANN WIEDER DIE RICHTIGE PORTION KINDHEIT INS SPIEL …

QUITTEN-BIRNEN-CRUMBLE

MIT SAHNE

SPÄTSOMMER-KOMPOSITION

FÜR DAS OBST
250 g Quitten
250 g Birnen
4 EL Zucker
1 Msp. Bourbon-Vanillepulver

FÜR DIE STREUSEL
100 g Weizenmehl (Type 405)
70 g Zucker
1 Pck. Bourbon-Vanillezucker
70 g kalte vegane Margarine (siehe S. 186 f.)

AUSSERDEM
Springform (26–28 cm Ø)
vegane Margarine für die Form
200 ml aufschlagbare Pflanzensahne (siehe S. 186 f.)
2 Pck. Sahnefestiger
(falls nötig; Packungshinweis der Sahne beachten)

FÜR 4 PERSONEN
Zubereitungszeit: ca. 40 Min.
Pro Portion ca. 505 kcal, 5 g EW, 24 g F, 68 g KH

1 Für das Obst die Quitten schälen. Die Birnen waschen. Die Früchte vierteln, das Kerngehäuse jeweils entfernen und das Fruchtfleisch in ca. 2 cm große Würfel schneiden. Die Springform fetten und das Obst hineingeben.

2 Den Zucker und das Vanillepulver verrühren und das Obst damit bestreuen.

3 Den Backofen auf 200° vorheizen (Umluft 180° ohne Vorheizen). Für die Streusel alle Zutaten zügig mit den Fingern krümelig verarbeiten (auf keinen Fall zu lange kneten!) und die Streusel auf das Obst geben. Den Crumble im heißen Ofen (Mitte) in 25–30 Min. goldbraun backen. Etwas abkühlen lassen.

4 Die Sahne aufschlagen und zu dem noch lauwarmen Crumble servieren.

MEIN TAUSCHTIPP

Keine Quitten gefunden? Natürlich funktioniert das Rezept auch mit Birnen allein. Oder Sie verwenden eine schön saure Apfelsorte wie Boskop oder Granny Smith. Ich gehe meine Quitten Ende September meistens selbst sammeln, denn Quittenhecken sind beliebte Zierhecken – auch in der Stadt. Meistens findet man die kleineren Apfelquitten, die einen tollen süßsäuerlichen Geschmack haben.

ENERGIE-KUGELN

MANCHMAL GENÜGEN ZWEI ZUTATEN, DAMIT DAS NACHMITTAGSTIEF IM BÜRO PASSÉ IST.

150 g Cashewnusskerne
150 g getrocknete Datteln
3–4 EL Wasser

FÜR 12 KUGELN
Zubereitungszeit: ca. 15 Min.
Pro Stück ca. 105 kcal, 2 g EW, 5 g F, 12 g KH

1 Die Cashewnusskerne mit dem Messer oder in der Küchenmaschine hacken.

2 Die Datteln entsteinen, 4 Stück beiseitelegen und die übrigen zusammen mit 3–4 EL Wasser mit dem Pürierstab pürieren. Die Masse muss nicht glatt sein, sollte aber zusammenhalten.

3 Die übrigen 4 Datteln grob hacken und zusammen mit den Cashewnusskernen unter das Dattelpüree mischen. Mit angefeuchteten Händen zwölf kleine Kugeln aus der Masse formen. Die Kugeln halten sich mehrere Wochen im Kühlschrank.

MEIN TUNINGTIPP

Sie können die Kugeln zusätzlich in Kakao, Kokosraspeln oder sogar getrockneten Blüten rollen.

KNUSPERSCHOKO-BERGE

DIESE KNUSPRIGKEITEN KOMMEN NICHT NUR BEI KINDERGEBURTSTAGEN GUT AN.

1 Eine Schüssel in einen Topf mit warmem Wasser setzen, sodass kein Wasser hineinspritzen kann. Die Zartbitterschokolade und das Kokosöl in die Schüssel geben und im Wasserbad bei kleiner Hitze langsam schmelzen.

2 Inzwischen die Mandeln in einer Pfanne ohne Öl goldbraun anrösten, abkühlen lassen und mit den Cornflakes mischen.

3 Vanille und Agavendicksaft in das Schoko-Kokos-Gemisch einrühren und unter die Cornflakes-Mandel-Masse heben. Vorsichtig umrühren, bis alles von Schokolade bedeckt ist.

4 Mit zwei Teelöffeln 20 kleine Häufchen auf ein Tablett oder einen großen Teller mit Backpapier setzen. Die Schokoberge mindestens 3 Std. (oder über Nacht) im Kühlschrank fest werden lassen. Im Kühlschrank halten sie sich einige Tage.

MEIN TAUSCHTIPP

Mit weißer Reismilchschokolade geht's auch – aber besser ohne Agavendicksaft, denn sie ist süßer.

150 g Bitterschokolade (Kakaoanteil mind. 70 %)
20 g Kokosöl
50 g Mandelblättchen
70 g ungezuckerte Cornflakes
1/2 TL Bourbon-Vanillepulver
1 EL Agavendicksaft (siehe S. 186 f.)

AUSSERDEM
Backpapier

FÜR 20 STÜCK
Zubereitungszeit: ca. 15 Min.
Abkühlzeit: mind. 3 Std.
Pro Stück ca. 75 kcal, 1 g EW, 5 g F, 5 g KH

FÜR ZWISCHENDURCH

MÜSLIPLÄTZCHEN

MIT SONNENBLUMENKERNEN

300 g vegane Margarine (siehe S. 186 f.)
270 g Zucker
1/2 TL Bourbon-Vanillepulver
1 gehäufter EL Sojamehl (siehe S. 186 f.)
1 gehäufter TL Backpulver
150 g Weizenmehl (Type 405)
1 Prise Salz
375 g Basismüsli mit Sonnenblumenkernen

AUSSERDEM
Backpapier für die Bleche

FÜR CA. 50 STÜCK
Zubereitungszeit: ca. 30 Min.
Kühlzeit: ca. 15 Min.
Backzeit: ca. 15 Min. pro Blech
Pro Stück ca. 105 kcal, 1 g EW, 5 g F, 13 g KH

1 Margarine, Zucker, Vanillepulver und Sojamehl in eine Schüssel geben und mit den Quirlen des Handrührgeräts glatt rühren. Backpulver, Mehl und Salz zugeben und kurz untermischen. Zuletzt das Basismüsli mit einem Löffel unter den Teig heben. Den Teig für 15 Min. in den Kühlschrank stellen.

2 Den Ofen auf 200° vorheizen (Umluft auf 180° vorheizen). Bleche mit Backpapier auslegen. Mit einem Teelöffel kleine Teighäufchen daraufsetzen, dabei viel Abstand lassen (pro Blech am besten nur neun Plätzchen backen, weil sie sehr stark auseinanderfließen).

3 Die Plätzchen nacheinander im heißen Ofen (Mitte) jeweils 10–15 Min. backen und auf einem Kuchengitter abkühlen lassen.

MEINE PRAXISTIPPS

Sie können den Teig auch gut vorbereiten und erst später backen. Geben Sie in diesem Fall das Backpulver aber erst kurz vor dem Backen hinzu. Es verliert sonst seine Triebkraft.

Wenn Sie anstelle des Basismüslis schlichtweg Haferflocken verwenden, tut das dem Genuss keinen Abbruch. Im Gegenteil, so gelingen im Handumdrehen leckere schwedische Haferplätzchen! Die esse ich besonders gern zu einem warmen Kakao aus Hafer- oder Mandelmilch.

DIESE KEKSE BACKE ICH OFT ZU WEIHNACHTEN. EIGENTLICH SOLLTEN SIE ABER DAS GANZE JAHR ÜBER AUF DEM KÜCHENSCHRANK STEHEN...

VEGANE WEIHNACHTS-BÄCKEREI

VANILLE-KIPFERL

1 Vanilleschote
200 g vegane Margarine (siehe S. 186 f.)
100 g Zucker
300 g Weizenvollkornmehl
200 g gemahlene Mandeln
2 EL Puderzucker
1 Pck. Bourbon-Vanillezucker

AUSSERDEM

Backpapier für die Bleche

FÜR CA. 70 STÜCK

Zubereitungszeit: ca. 45 Min.
Kühlzeit: ca. 1 Std.
Backzeit: ca. 10 Min. pro Blech
Pro Stück ca. 60 kcal, 1 g EW, 4 g F, 5 g KH

1 Die Vanilleschote halbieren und das Vanillemark mit einem Messer herauskratzen. Das Vanillemark mit Margarine und Zucker in eine große Schüssel geben und mit den Quirlen des Handrührgeräts auf höchster Stufe cremig rühren.

2 Mehl und gemahlene Mandeln hinzugeben und alles mit den Knethaken des Handrührgeräts gut verkneten. Den Teig in Frischhaltefolie wickeln und ca. 1 Std. im Kühlschrank ruhen lassen.

3 Den gekühlten Teig zu einer Rolle mit ca. 2 cm Ø formen, davon ca. 2 cm lange Scheiben abschneiden. Aus den Scheiben zwischen den Handflächen Halbmonde formen. Dabei nicht zu lange kneten – der Teig soll nicht warm werden.

4 Den Backofen auf 200° vorheizen (Umluft auf 180° vorheizen). Die Kipferl auf Bleche mit Backpapier setzen und portionsweise im heißen Ofen (Mitte) 10 Min. hell goldbraun backen.

5 Inzwischen Puder- und Vanillezucker in einer Schüssel mischen. Die fertigen, noch warmen Kipferl in der Zuckermischung wälzen und auf einem Kuchengitter abkühlen lassen.

MEIN TAUSCHTIPP

Meine Kipferl werden eher braun, weil ich Rohrohrzucker, Vollkornmehl und ungeschält gemahlene Mandeln verwende. Wenn Sie sie hell haben möchten, nehmen Sie stattdessen einfach Weizenmehl Type 405, raffinierten Zucker und geschält gemahlene Mandeln.

SOULFOOD

FRANZBRÖTCHEN

IM MINI-FORMAT

FÜR DEN TEIG
125 ml Sojamilch (siehe S. 186 f.)
250 g Weizenmehl (Type 405)
1/2 Würfel Hefe
(ca. 20 g, oder 1 Pck. Trockenhefe)
40 g Zucker
40 g vegane Margarine (siehe S. 186 f.)
1 Prise Salz
1/2 TL abgeriebene Schale von 1 Bio-Zitrone

FÜR DIE FÜLLUNG
70 g kalte vegane Margarine
1 TL Zimtpulver
70 g Zucker

AUSSERDEM
Mehl für die Arbeitsfläche
Backpapier für das Blech

FÜR 10 STÜCK
Zubereitungszeit: ca. 30 Min.
Ruhezeit: ca. 50 Min.
Kühlzeit: ca. 15 Min.
Backzeit: ca. 15 Min.
Pro Stück ca. 215 kcal, 3 g EW, 9 g F, 30 g KH

1 Für den Teig die Sojamilch lauwarm erhitzen. Das Mehl in eine Schüssel sieben, eine Mulde in die Mitte drücken und die Hefe hineinbröckeln. 1 EL von dem Zucker darüberstreuen und die lauwarme Sojamilch über die Hefe gießen.

2 Die Hefe in der Flüssigkeit mit etwas Mehl vom Rand verrühren und den Vorteig 5 Min. zugedeckt ruhen lassen, bis die Hefe Blasen wirft.

3 Dann die restlichen Teigzutaten hinzugeben und alles in der Küchenmaschine oder mit den Knethaken des Handrührgeräts in ca. 5 Min. zu einem Teig kneten. Den Hefeteig an einem warmen Ort ca. 30 Min. gehen lassen.

4 Den gegangenen Teig auf wenig Mehl zu einem Rechteck von ca. 30 × 50 cm ausrollen. Für die Füllung die kalte Margarine in Flocken gleichmäßig auf der vorderen Teighälfte verteilen, die andere Teighälfte darüberschlagen und alle offenen Ränder nach unten umschlagen.

5 Nochmals zu einem Rechteck gleicher Größe ausrollen und die äußeren Drittel zur Mitte schlagen, sodass der Teig nun drei Schichten bildet. Die Teigplatte 15 Min. in den Kühlschrank legen.

6 Den Teig zu einem Rechteck von ca. 20 × 40 cm ausrollen und mithilfe eines Backpinsels mit 2 EL Wasser bepinseln. Den Zimt mit dem Zucker vermischen und die Mischung gleichmäßig auf den Teig streuen. Die Teigplatte von der langen Seite her aufrollen.

7 Von der Rolle 4 cm breite Stücke abschneiden und jeweils in der Mitte mit dem Finger leicht flach drücken. Ein Blech mit Backpapier auslegen und die Teigstücke mit Abstand darauf verteilen. Mit einem feuchten Tuch abdecken und erneut 15 Min. gehen lassen.

8 Den Backofen auf 200° vorheizen (Umluft 175° ohne Vorheizen) und die Franzbrötchen im heißen Ofen (Mitte) ca. 15 Min. backen. Herausnehmen und auf einem Kuchengitter abkühlen lassen. Sie schmecken ganz frisch am besten.

SÜSSE GRÜSSE AUS HAMBURG! WENN DER FEINE ZIMTDUFT AUS DEM BACKOFEN

STRÖMT, KANN ICH ES KAUM ABWARTEN, DAS ERSTE FRANZBRÖTCHEN NOCH WARM

GLEICH VOM BLECH WEG ZU NASCHEN. ECHTES SEELENFUTTER EBEN, DIESE DINGER!

CASHEW-KÄSEKUCHEN

AUS DER ROHKOST-KÜCHE

FÜR DIE FÜLLUNG
450 g Cashewnusskerne
2 EL Limettensaft | 3 EL Agavendicksaft (siehe S. 186 f.)
100 g zimmerwarme Kokoscreme (siehe S. 186 f.)
3 EL zimmerwarmes Kokosöl (Bioladen)

FÜR DEN BODEN
60 g getrocknete Datteln
140 g Mandelkerne | 40 g getrocknete Feigen
40 g gemahlene Erdmandeln
(Bioladen; ersatzweise gemahlene Mandeln)

FÜR DAS SORBET
200 g TK-Früchte
(z. B. Erdbeeren, Himbeeren, Kirschen, Melone)
2 EL Agavendicksaft

AUSSERDEM
Springform (26 cm Ø)
1 Handvoll Cashewkerne zum Garnieren

FÜR 1 KUCHEN (12 STÜCKE)
Zubereitungszeit: ca. 15 Min.
Einweichzeit: ca. 8 Std. | Kühlzeit: ca. 8 Std.
Pro Stück ca. 415 kcal, 10 g EW, 31 g F, 24 g KH

1 Die Cashewkerne für die Füllung mindestens 8 Std., am besten über Nacht, in reichlich Wasser einweichen.

2 Am nächsten Tag für den Boden die Datteln entsteinen. Alle Zutaten für den Boden in eine Küchenmaschine oder einen Mixer geben und mit der Pulsfunktion fein zerkleinern. Langsam 4 EL Wasser hinzugeben, sodass sich die Masse gerade zusammenballt, aber nicht zu feucht wird. Den Teig in eine Springform drücken und während der Zubereitung der Füllung kalt stellen.

3 Für die Füllung die Cashewnusskerne abgießen und kalt abbrausen. Mit 200 ml Wasser, Limettensaft und Agavendicksaft in eine Küchenmaschine oder einen Mixer geben und so fein wie möglich pürieren. Zum Schluss Kokoscreme und Kokosöl zugeben und die Masse nochmals mixen.

4 Die Masse auf den Boden füllen, nach Belieben mit einem Löffel wellenförmige Vertiefungen hineindrücken und den Kuchen mindestens 8 Std., am besten über Nacht, im Kühlschrank kalt stellen.

5 Den Kuchen kurz vor dem Verzehr aus dem Kühlschrank nehmen. Die Cashewkerne für die Garnitur in einer Pfanne ohne Fett goldbraun anrösten, sofort aus der Pfanne nehmen und abkühlen lassen.

6 Die Früchte mit dem Agavendicksaft im Mixer oder in der Küchenmaschine zu Sorbet pürieren, dabei falls nötig etwas kaltes Wasser hinzufügen. Das Sorbet auf dem Kuchen verteilen, mit den Cashewkernen bestreuen und sofort servieren.

MEIN EINKAUFSTIPP

Gemahlene Erdmandeln (auch Chufas genannt) finden Sie im Bioladen in der Abteilung »Backzutaten«. Chufas sind keine Nüsse, sondern Knollen, und daher auch für Nussallergiker geeignet. Sie haben eine tolle Natursüße und lassen sich im Ganzen (vorher 8 Std. einweichen!) auch sehr gut als Snack knabbern.

BACKEN KANN SO EINFACH SEIN: FÜR DIESEN KÄSEKUCHEN BRAUCHEN SIE LEDIGLICH EINEN KÜHLSCHRANK UND GERADE MAL 15 MINUTEN ARBEITSZEIT.

SO LECKER WIE DAS ORIGINAL

KÄSEKUCHEN

MIT OBST

FÜR DEN BODEN
260 g Weizenmehl (Type 405)
120 g Zucker | 1 Prise Salz
1/2 Pck. Backpulver
160 g weiche vegane Margarine (siehe S. 186 f.)
2 Msp. Bourbon-Vanillepulver

FÜR DIE FÜLLUNG
800 g Seidentofu (siehe S. 186 f.)
240 g vegane Margarine
2 Bio-Zitronen (Schale und Saft)
400 g Tofu natur
160 g Zucker
80 g Speisestärke

AUSSERDEM
Springform (26–28 cm Ø)
vegane Margarine für die Form
200 g frische Beeren (z. B. Himbeeren oder Blaubeeren)
oder 1/2 reife Mango (nach Belieben)

FÜR 1 KUCHEN (12 STÜCKE)
Zubereitungszeit: ca. 35 Min.
Kühlzeit: ca. 1 Std.
Backzeit: ca. 1 Std.
Pro Stück ca. 505 kcal, 9 g EW, 31 g F, 47 g KH

1 Die Springform fetten. Für den Boden alle Zutaten rasch mit den Händen oder den Knethaken des Handrührgeräts verkneten. Den Teig in die Form drücken, dabei einen kleinen Rand hochziehen. Die Form ca. 1 Std. in den Kühlschrank stellen.

2 Nach ca. 40 Min. Kühlzeit den Seidentofu in ein mit Küchenpapier ausgelegtes Sieb geben und ca. 10 Min. abtropfen lassen.

3 Den Ofen auf 180° vorheizen (Umluft 160° ohne Vorheizen). Die Beeren (falls verwendet) verlesen, nur falls nötig in stehendem Wasser vorsichtig waschen und abtropfen lassen. Die Mango (falls verwendet) schälen und in dünnen Scheiben vom Stein schneiden.

4 Für die Füllung die Margarine in einem Topf schmelzen und wieder etwas abkühlen lassen. Die Zitronen heiß abwaschen und trocknen, die Schale fein abreiben und den Saft auspressen. Saft und Schale zusammen mit der flüssigen Margarine, dem abgetropften Seidentofu und allen weiteren Füllungszutaten in einem Mixer oder mit dem Pürierstab glatt pürieren.

5 Das Obst auf dem Teigboden verteilen, die Tofumasse darübergießen und glatt streichen.

6 Den Kuchen im heißen Ofen (Mitte) ca. 1 Std. backen, bis an einem hineingestochenen Stäbchen nichts mehr kleben bleibt (falls nötig, die Backzeit verlängern).
Den Kuchen auf einem Kuchengitter abkühlen lassen.

MEIN PRAXISTIPP

Für Gäste können Sie den Kuchen ganz stressfrei bereits am Vortag zubereiten und über Nacht im Kühlschrank aufbewahren. Nehmen Sie ihn aber 1 Std. vor dem Kaffeetrinken heraus, damit er Zimmertemperatur annehmen kann. Dazu passt aufgeschlagene Pflanzensahne (siehe S. 186 f.).

EIN BISSCHEN TÜFTELN, EIN BISSCHEN TAUSCHEN – UND SCHON GIBT'S VEGANE

LIEBLINGSKUCHEN! DAS SCHÖNSTE KOMPLIMENT ZU DIESEM REZEPT: GENUSS-

VOLLES SCHWEIGEN. WEIL KEINER MERKT, DASS IN DEM KUCHEN GAR KEIN QUARK STECKT …

ERDBEERKUCHEN

VOM BLECH

GEHEIMTIPP IN DER SAISON

160 g weiche vegane Margarine (siehe S. 186 f.)
300 g Zucker
3 Pck. Bourbon-Vanillezucker
120 ml Sojamilch (siehe S. 186 f.)
320 g Weizenmehl (Type 405)
2 Pck. Backpulver
2 kg Erdbeeren
4 Pck. veganer Tortenguss, klar (siehe S. 186 f.)

AUSSERDEM
Fett für das Blech

FÜR 1 BACKBLECH (CA. 24 STÜCKE)
Zubereitungszeit: ca. 20 Min.
Backzeit: ca. 20 Min.
Abkühlzeit: ca. 30 Min.
Pro Stück ca. 185 kcal, 2 g EW, 6 g F, 30 g KH

1 Den Backofen auf 200° vorheizen (Umluft 180° ohne Vorheizen). Margarine, Zucker und Vanillezucker mit den Quirlen des Handrührgeräts oder in der Küchenmaschine schaumig schlagen. Sojamilch, Mehl und Backpulver zugeben und unterrühren.

2 Ein Backblech fetten und den Teig daraufstreichen. Den Kuchen im heißen Ofen (Mitte) in ca. 20 Min. goldbraun backen. Er sollte nicht zu dunkel werden.

3 Den Boden aus dem Ofen nehmen und ca. 30 Min. abkühlen lassen.

4 Inzwischen die Erdbeeren waschen, putzen und entkelchen. Die Früchte mit der Kelchseite nach unten dicht an dicht auf den Boden setzen.

5 Den Tortenguss nach Packungsanweisung anrühren und über die Erdbeeren gießen. Ca. 30 Min. abkühlen lassen und den Kuchen mit aufgeschlagener Pflanzensahne servieren.

MEIN TAUSCHTIPP

Wenn die Erdbeerzeit vorbei ist, lässt sich der Kuchen auch mit anderem Obst zubereiten. Sorten, die Hitze vertragen, können Sie einfach mit etwas Wasser aufkochen und mit Speisestärke binden, bevor das Obst auf den Kuchenboden kommt. Diese Methode eignet sich beispielsweise für Aprikosen, Stachelbeeren oder Blaubeeren.

WENN'S IM FRÜHSOMMER DIE ERSTEN HEIMISCHEN ERDBEEREN GIBT,

WEISS ICH, WAS ICH ZU TUN HABE: DIESEN KUCHEN BACKEN!

ZWETSCHGENKUCHEN

MIT STREUSELN

DER HERBST-KLASSIKER!

FÜR DEN BODEN
100 g Zucker
100 g weiche vegane Margarine (siehe S. 186 f.)
1 TL Ei-Ersatzpulver (siehe S. 186 f.)
250 g Weizenmehl (Type 405)
1/2 Packung Backpulver
125 ml Pflanzenmilch (siehe S. 186 f.)

FÜR DEN BELAG
300 g Zwetschgen
100 g Weizenmehl (Type 405)
70 g Zucker
1 Pck. Bourbon-Vanillezucker
65 g kalte vegane Margarine

AUSSERDEM
Springform (26–28 cm Ø)
vegane Margarine für die Form

FÜR 1 KUCHEN (12 STÜCKE)
Zubereitungszeit: ca. 30 Min.
Backzeit: ca. 45 Min.
Pro Stück ca. 280 kcal, 4 g EW, 12 g F, 39 g KH

1 Für den Boden Zucker und weiche Margarine mit den Quirlen des Handrührgeräts schaumig schlagen und die übrigen Zutaten unterrühren. Die Springform fetten, den Teig hineinfüllen und glatt streichen.

2 Für den Belag die Zwetschgen waschen, halbieren, entsteinen, in dünne Fächer schneiden und etwas überlappend auf dem Boden verteilen.

3 Den Backofen auf 200° vorheizen (Umluft 180° ohne Vorheizen). Für die Streusel Mehl, Zucker, Vanillezucker und kalte Margarine zügig mit der Hand oder mit den Knethaken des Handrührgeräts vermischen. Es sollte ein kompakter Teig entstehen. Den Streuselteig zerzupfen und auf den Pflaumen verteilen.

4 Den Kuchen im heißen Ofen (Mitte) 35–45 Min. backen. Sobald an einem hineingesteckten Holzstäbchen kein Teig mehr kleben bleibt, ist er fertig. Den Kuchen herausnehmen und auf einem Kuchengitter vollständig abkühlen lassen.

MEIN TAUSCHTIPP

Dieses Rezept dient als Grundrezept für jede Menge Obstkuchen der Saison: Bereiten Sie es im Frühjahr mit Rhabarber, im Juli und August mit Kirschen und, sobald die Tage wieder kürzer werden, mit Äpfeln und Birnen zu.

EIN TEIG, SO VIELE KUCHEN! DENN ICH BELEGE IHN MIT ALLEM,

WAS GERADE SAISON HAT: IM HERBST MIT ZWETSCHGEN, IM SOMMER MIT KIRSCHEN …

CALIFORNIA DREAMING

PFIRSICH-MACADAMIA-TRAUM

FÜR DEN BODEN
180 g Zucker | 175 g Weizenmehl (Type 405)
40 g Sojamehl (siehe S. 186 f.) | 3 TL Backpulver
2 Msp. Bourbon-Vanillepulver | 3 EL neutrales Pflanzenöl

FÜR DIE FÜLLUNG
700 g feste Pfirsiche | 100 g Macadamianusskerne
4 EL Zucker | 100 ml Orangensaft
2 TL Agar-Agar (siehe S. 186 f.)

FÜR DIE CREME
1/2 Bio-Zitrone | 300 g Seidentofu (siehe S. 186 f.)
125 g Zucker (nach Belieben mehr)
1 gestrichener TL Bourbon-Vanillepulver
4 gestrichene TL Agar-Agar
600 ml kalte aufschlagbare Pflanzensahne (siehe S. 186 f.)
4 Pck. Sahnefestiger (falls nötig; Packungshinweis der Sahne beachten)

AUSSERDEM
Springform (26 cm Ø)
vegane Margarine (siehe S. 186 f.) für die Form

FÜR 1 KUCHEN (12 STÜCKE)
Zubereitungszeit: 50 Min.
Backen: 30 Min. | Kühlzeit: 8 Std.
Pro Stück ca. 405 kcal, 8 g EW, 18 g F, 53 g KH

1 Den Backofen auf 180° vorheizen (Umluft auf 160° vorheizen). Für den Boden alle trockenen Zutaten in einer Schüssel gut vermischen. 200 ml Wasser und das Öl zugeben und alles 1 Min. mit den Quirlen des Handrührgeräts auf höchster Stufe aufschlagen. Den Boden der Springform einfetten und den Teig hineingeben. Den Kuchen im heißen Ofen (Mitte) 30–35 Min. backen. Wenn an einem hineingesteckten Holzstäbchen kein Teig mehr kleben bleibt, ist der Boden fertig.

2 Inzwischen einen der Pfirsiche für die Füllung zur Garnitur beiseitelegen. Die übrigen Pfirsiche mit einem Sparschäler schälen, den Stein entfernen und das Fruchtfleisch klein würfeln. Die Macadamianüsse grob hacken und mit dem Zucker und 2 EL Wasser in einem weiten Topf bei mittlerer Hitze erhitzen, bis der Zucker schmilzt und und goldgelb wird. Den Topf immer wieder schwenken, damit der Zucker gleichmäßig karamellisiert. Den Orangensaft mit dem Agar-Agar verrühren, mit den Pfirsichen zugeben und aufkochen. Alles 2 Min. bei kleiner Hitze köcheln, vom Herd nehmen und abkühlen lassen.

3 Den fertigen Biskuitboden auf einem Kuchengitter abkühlen lassen, dann aus der Form lösen und waagerecht in zwei Böden teilen. Einen Boden in die Form geben, zwei Drittel der Pfirsichmischung darauf verteilen, dabei 3 cm Rand lassen.

4 Für die Creme die Zitronenhälfte heiß abwaschen, trocknen, die Schale abreiben und den Saft auspressen. In einer Schüssel Seidentofu mit Zitronenschale und -saft, Zucker, Vanillepulver und Agar-Agar mit dem Pürierstab glatt mixen. Die Mischung in einem Topf aufkochen und ca. 2 Min. unter Rühren bei kleiner Hitze köcheln lassen. Die Creme lauwarm abkühlen lassen. Die Sahne aufschlagen (nach Belieben mit Sahnefestiger) und vorsichtig unter die abgekühlte Creme heben.

5 Die Hälfte der Creme auf den Pfirsichen bis zum Rand verteilen. Den zweiten Boden auflegen, den Rest der Pfirsiche wieder mittig darauf verteilen und mit der restlichen Creme abschließen. Nach Belieben auch den Tortenrand mit der Creme bestreichen. Die Oberfläche glätten. Restlichen Pfirsich schälen, ohne Stein in Spalten schneiden und die Torte damit garnieren. Die Form mindestens 3 Std., besser über Nacht kaltstellen.

MIT DIESER TORTE KANN DER SOMMER KOMMEN: FRUCHTIGE
PFIRSICHE TREFFEN AUF FRISCHE CREME UND KNACKIGE NÜSSE!

PERFEKT ZUM GRILLEN

WEISSBROT

MIT KRÄUTERN

500 g Weizenmehl (Type 405)
1 Würfel Hefe (42 g) | 1 TL Zucker
300 ml Sojamilch (siehe S. 186 f.)
1 gehäufter TL Salz
1 Bund Dill | 1 Bund Schnittlauch | 1 Bund Petersilie

AUSSERDEM
Kastenform (ca. 24 cm Länge)
vegane Margarine (siehe S. 186 f.) für die Form

FÜR 1 BROT (CA. 20 SCHEIBEN)
Zubereitungszeit: ca. 35 Min.
Ruhezeit: ca. 35 Min.
Backzeit: ca. 50 Min.
Pro Scheibe ca. 100 kcal, 4 g EW, 1 g F, 19 g KH

MEINE PRAXIS- UND TAUSCHTIPPS

Sie können den Teig auch in einer gefetteten Muffinform mit zwölf Mulden backen (dann nur ca. 25 Min.). Die Kräutermuffins sind ein schönes Gastgeschenk.

Für ein würzig-mediterranes Kräuterbrot ersetzen Sie die klassischen Gartenkräuter durch 1 Bund Zitronenthymian, 5 Stängel Salbei, 5 Zweige Rosmarin und 1/2 Bund Basilikum.

Tomatenbrot mit Kräutern wird daraus, wenn Sie 1 Handvoll getrocknete Tomaten und nach Belieben frische, entsteinte Oliven mit zum Teig geben. Falls die getrockneten Tomaten nicht in Öl eingelegt sind, sollten Sie sie vorher in warmem Wasser einweichen.

1 Das Mehl in eine Schüssel geben, eine Mulde in die Mitte drücken, die Hefe hineinbröckeln und mit dem Zucker bestreuen. Die Sojamilch lauwarm erwärmen und in die Mulde gießen. Den Vorteig 5 Min. ruhen lassen, bis die Hefe Blasen wirft.

2 Dann das Salz zugeben und alles mit den Knethaken des Handrührgeräts zu einem glatten Teig verarbeiten. Den Teig zugedeckt ca. 35 Min. an einem warmen Ort gehen lassen.

3 Die Kräuter waschen, trocken schütteln und die Blättchen sehr fein hacken. Die Kräuter unter den gegangenen Teig kneten und den Teig nochmals zugedeckt ca. 30 Min. an einem warmen Ort gehen lassen.

4 Die Kastenform fetten. Den Teig in die Kastenform geben (nicht mehr kneten), mit einem feuchten Tuch bedecken und weitere 20 Min. ruhen lassen.

5 Den Backofen auf 220° vorheizen (Umluft 200° ohne Vorheizen). Das Brot im heißen Ofen (unten) ca. 50 Min. backen. Das fertige Brot 10 Min. abkühlen lassen, aus der Form stürzen und auf einem Kuchengitter vollständig auskühlen lassen.

WANN IMMER ICH EINGELADEN BIN, BRINGE ICH DIESES BROT MIT. ZUSAMMEN MIT EINEM GLÄSCHEN FLEUR DE SEL IST DAS NICHT NUR ZUM EINZUG EIN SCHÖNES GASTGESCHENK.

ZUM NACHSCHLAGEN

ZUTATEN DER VEGANEN KÜCHE

Agar-Agar: Pflanzliches Geliermittel aus einer Alge, erhältlich als Pulver oder Flocken im Supermarkt, Bioladen oder Reformhaus. Siehe auch S. 14.

Agavendicksaft oder Agavensirup: Ersetzt Zucker oder Honig als Süßungsmittel und süßt dabei stärker als Honig. Je heller der Sirup, desto neutraler schmeckt er. Im Bioladen oder Reformhaus erhältlich.

Blätterteig, veganer: Im Supermarkt oder Bioladen ist butter- und eifreier Blätterteig meistens als TK-Ware erhältlich. Pflanzliche Margarine ersetzt die Butter. Enthaltenes Lecithin (Emulgator) sollte pflanzlich sein (z. B. Sojalecithin).

Chiasamen: Die Samen der Chia-Pflanze. Gute Quelle für pflanzliche Omega-3-Fettsäuren, reich an Proteinen und Vitaminen. Quellen stark auf und werden als Verdickungsmittel eingesetzt. Die Samen sind inzwischen häufig im Bioladen zu bekommen, sonst im Internet.

Ei-Ersatzpulver: Wirkt wie Ei bindend und lockernd und ist je nach Produkt auch aufschlagbar. Im Reformhaus oder gut sortierten Bioladen erhältlich.

Frischkäse, veganer: Wird aus Soja hergestellt. Erhältlich im Bioladen oder Reformhaus.

Glutenpulver: Auch »Seitanpulver«. Aus Weizenmehl hergestellt; als Bindemittel und zur Herstellung von Seitan. Gibt es im Bioladen, Reformhaus und gelegentlich in traditionellen Bäckereien.

Guarkernmehl: Pflanzliches Bindemittel aus Bioladen oder Reformhaus. Siehe auch S. 14.

Hafermilch ▸ Pflanzenmilch

Hafersahne ▸ Pflanzensahne

Hanfsamen: Proteinreiche Samen, zum Backen und Bestreuen. Geschält oder ungeschält in Bioladen oder Reformhaus erhältlich.

Hefeflocken: Erhältlich in Bioladen oder Reformhaus. Schmecken dezent »käsig« und werden zum Bestreuen statt Käse und zum Würzen eingesetzt. Nicht zu verwechseln mit Hefeextrakt und Bierhefeflocken.

Kala Namak: Auch Schwarzsalz oder indisches Salz. Riecht und schmeckt schwefelig und kann dadurch geschmacklich Eier ersetzen. In Feinkostgeschäften, gut sortierten Asienläden oder online erhältlich.

Kokoscreme: Püriertes reines Kokosnussfleisch. Am besten erhältlich im Bioladen.

Kokosöl: Sehr hitzebeständiges Öl aus Kokosnüssen, daher gut zum Braten geeignet. Am besten ist das native Bio-Kokosöl, das nicht erhitzt, chemisch behandelt, desodoriert, gehärtet oder gebleicht wird.

Kudzu: Auch Kuzu. Pflanzliches Bindemittel, erhältlich in Bröckchenform im Bioladen. Siehe auch S. 14.

Mandelmus: Aus geschält oder ungeschält gemahlenen Mandeln (weiß oder braun), im Bioladen erhältlich. Wird mit Wasser verdünnt als sahnige Sauce verwendet, pur als Brotaufstrich und mit Eiswürfeln püriert als Mandeleis.

Margarine, vegane: Pflanzliche Margarine gibt es in Supermarkt und Bioladen. Aber Achtung: Manchmal werden ihr Milcheiweiß, Joghurt oder Vitamin D_3 (ggf. aus Wollwachs) zugesetzt, sodass sie nicht in jedem Fall vegan ist. Informationen über garantiert rein pflanzliche Produkte gibt es im Internet.

Pflanzenmilch: Milchartige Flüssigkeit aus Soja, Reis, Kokos, Hafer, Dinkel, Mandeln, Haselnüssen oder Quinoa. Zum Backen wegen der Triebkraft am besten Sojamilch verwenden. Die meisten Sorten sind in Supermarkt, Bioladen und Reformhaus gut erhältlich. Alternative: Nuss- oder Mandelmilch selbst herstellen (siehe Rezept S. 27).

Pflanzensahne: Soja-; Hafer- und Dinkelsahne zum Kochen sind in Supermarkt, Bioladen und Reformhaus gut erhältlich. Als aufschlagbar gekennzeichnete Sorten gibt es meistens nur im Bioladen. Bei manchen wird außerdem Sahnefestiger benötigt (siehe Packungsaufschrift). In gut sortierten Bioläden oder Supermärkten gibt es auch vegane Sprühsahne. Siehe auch S. 15.

Rauchsalz: Auch »Hickorysalz« oder »Smoked Salt«, erhältlich in Feinkostgeschäften und gut sortierten Bioläden. Verleiht Gerichten einen rauchigen, deftigen Geschmack.

Reismalz: Zäher Sirup aus Vollreis mit süßlich-malzigem Geschmack. Besonders für Deftiges geeignet. Erhältlich im Bioladen.

Reismilch ▸ Pflanzenmilch

Seidentofu: Auch »Silken Tofu«. Sehr weicher, fast geschmacksneutraler Tofu mit hohem Feuchtigkeitsgehalt. Muss für Cremes und Süßspeisen glatt püriert werden. Erhältlich im Bio- oder Asialaden.

Seitan: Gewürztes Weizeneiweiß (Gluten), das ähnlich wie Fleisch verwendet wird. Im Bioladen und Reformhaus erhältlich. Siehe auch S. 13 und S. 16.

Sojaeiweiß, texturiertes: Auch »Sojafleisch«; wird aus Sojamehl hergestellt. Es gibt grobe und feine Schnetzel (Sojahack), Würfel, Medaillons und Steaks, alle im Bioladen oder Reformhaus. Alle Produkte gut einweichen (je größer das Produkt, umso länger; ggf. kochen) und vor dem Weiterverarbeiten sehr sorgfältig zwischen den Händen ausdrücken. Schmeckt neutral und muss gut gewürzt werden.

Sojaghurt: Joghurtähnliches Produkt auf Basis von Sojamilch. Achten Sie darauf, dass er ungesüßt ist, wenn Sie ihn in herzhaften Gerichten einsetzen möchten. Abgetropft lässt er sich wie Quark verwenden. Erhältlich in der Kühltheke von Bioladen und Supermarkt.

Sojagranulat: Unter diesem Namen werden sowohl geschrotete Sojabohnen als auch Sojaschnetzel (▸ Sojaeiweiß, texturiertes) angeboten. Beide Produkte werden verwendet wie Hackfleisch, müssen aber in der Regel vorher in Wasser eingeweicht werden.

Sojamedaillons ▸ Sojaeiweiß, texturiertes

Sojamehl: Gibt es vollfett aus der ganzen Bohne (Bioladen) oder entfettet mit höherem Proteingehalt (Supermarkt). Lockert und bindet als Ei-Ersatz beim Kochen und Backen. Siehe auch S. 15.

Sojamilch ▸ Pflanzenmilch

Sojasahne ▸ Pflanzensahne

Sojaschnetzel ▸ Sojaeiweiß, texturiertes

Sojasteak ▸ Sojaeiweiß, texturiertes

Sojawürfel ▸ Sojaeiweiß, texturiertes

Tempeh: Produkt aus fermentierten Sojabohnen, das meist gebraten wird. Erhältlich im Bio- oder Asienladen. Siehe auch S. 13.

Tortenguss, veganer: Enthält statt Gelatine meist Carrageen, ein Geliermittel aus Algen. Erhältlich im Supermarkt oder Bioladen.

REGISTER

F

G

H

K

L

M

N

O/P

Q

R

S

IMPRESSUM

DIE AUTORIN

Nicole Just ist Wahl-Berlinerin und passionierte Köchin. Seit Anfang 2009 lebt die Enkelin eines Metzgers vegan und berichtet seit 2010 auf ihrem Blog vegan-sein.de über ihre Erfahrungen damit. Seit 2012 ist sie Mitinhaberin des veganen Dinnerclubs Mund|Art|Berlin. Außerdem gibt sie Kochkurse, um den Spaß am veganen Kochen an Interessierte weiterzugeben.

DER FOTOGRAF

René Riis, Neuberliner aus Kopenhagen, arbeitet seit über zehn Jahren selbstständig. Über 20 Koch- und Weinbücher, einige davon preisgekrönt, in Zusammenarbeit mit weltweit erfolgreichen Spitzenköchen, zählen zu seinem Portfolio. Regelmäßig arbeitet er für erfolgreiche Food-Magazine wie BEEF!, FOUR-Magazine, essen & trinken, GASTRO (Dänemark) oder Gourmet Traveller (Australien). Die Fotos für dieses Buch entstanden in Zusammenarbeit mit **Max Faber** (Foodstyling).

Syndication: www.jalag-syndication.de
Konzept und Projektleitung: Alessandra Redies und Melanie Haizmann
Lektorat: Sabine Schlimm
Korrektorat: Mischa Gallé
Satz: Knipping Werbung GmbH, Berg am Starnberger See
Innenlayout, Typografie und Umschlaggestaltung: independent Medien-Design, Horst Moser, München
Illustrationen: Julia Hollweck
Herstellung: Susanne Mühldorfer
Repro: Longo AG, Bozen
Druck: Firmengruppe APPL, aprinta druck, Wemding
Bindung: Firmengruppe APPL, m.appl GmbH, Wemding

ISBN 978-3-8338-3310-6 — 3. Auflage 2013

Umwelthinweis: Dieses Buch ist auf PEFC-zertifiziertem Papier aus nachhaltiger Waldwirtschaft gedruckt.

Die **GU-Homepage** finden Sie unter **www.gu.de**

www.facebook.com/gu.verlag

GRÄFE UND UNZER

Ein Unternehmen der
GANSKE VERLAGSGRUPPE

Unsere Garantie

Alle Informationen in diesem Ratgeber sind sorgfältig und gewissenhaft geprüft. Sollte dennoch einmal ein Fehler enthalten sein, schicken Sie uns das Buch mit dem entsprechenden Hinweis an unseren Leserservice zurück. Wir tauschen Ihnen den GU-Ratgeber gegen einen anderen zum gleichen oder einem ähnlichen Thema um.

Liebe Leserin, lieber Leser,

wir freuen uns, dass Sie sich für ein GU-Buch entschieden haben. Mit Ihrem Kauf setzen Sie auf die Qualität, Kompetenz und Aktualität unserer Ratgeber. Dafür sagen wir Danke! Wir wollen als führender Ratgeberverlag noch besser werden. Daher ist uns Ihre Meinung wichtig. Bitte senden Sie uns Ihre Anregungen, Ihre Kritik oder Ihr Lob zu unseren Büchern.
Haben Sie Fragen oder benötigen Sie weiteren Rat zum Thema? Wir freuen uns auf Ihre Nachricht!

Wir sind für Sie da!

Montag–Donnerstag:
8.00–18.00 Uhr;
Freitag: 8.00–16.00 Uhr
Tel.: 0800/723 73 33
Fax: 0800/501 20 54
(kostenlose Servicenummern)

E-Mail:
leserservice@graefe-und-unzer.de

PS: Wollen Sie noch mehr Aktuelles von GU wissen, dann abonnieren Sie doch unseren kostenlosen GU-Online-Newsletter.

GRÄFE UND UNZER VERLAG
Leserservice
Postfach 86 03 13
81630 München